第1卷

地图里的中国

带着问题去旅行

斯塔熊文化 编绘

山东友谊出版社

图书在版编目（CIP）数据

地图里的中国：带着问题去旅行 / 斯塔熊文化编绘．
--济南：山东友谊出版社，2020.1

ISBN 978-7-5516-1925-7

Ⅰ.①地… Ⅱ.①斯… Ⅲ.①地理－中国－问题解答
Ⅳ.①K92-44

中国版本图书馆CIP数据核字（2019）第159308号

地图里的中国：
带着问题去旅行

DITU LI DE ZHONGGUO：DAI ZHE WENTI QU LVXING

制　　作　墨明青简
责任编辑　肖　杉
主管单位　山东出版传媒股份有限公司
出版发行　山东友谊出版社
地　　址　济南市英雄山路189号　　邮政编码　250002
电　　话　出版管理部（0531）82098756
　　　　　市场营销部（0531）82098035（传真）
印　　刷　鹤山雅图仕印刷有限公司
开　　本　720mm×1000mm　1/12
字　　数　150千字
印　　张　15
版　　次　2020年1月第1版
印　　次　2020年1月第1次印刷
审 图 号　GS（2019）3626号
定　　价　108.00元（全5册）

目录

Contents

Beijing

出发，北京市

北京

我的名片

简称：京

面积：约 1.64 万平方千米

常住人口：2 154 万（2018 年）

著名景点：天安门、故宫、天坛、颐和园、长城等

市花：月季

特产：北京烤鸭、驴打滚等

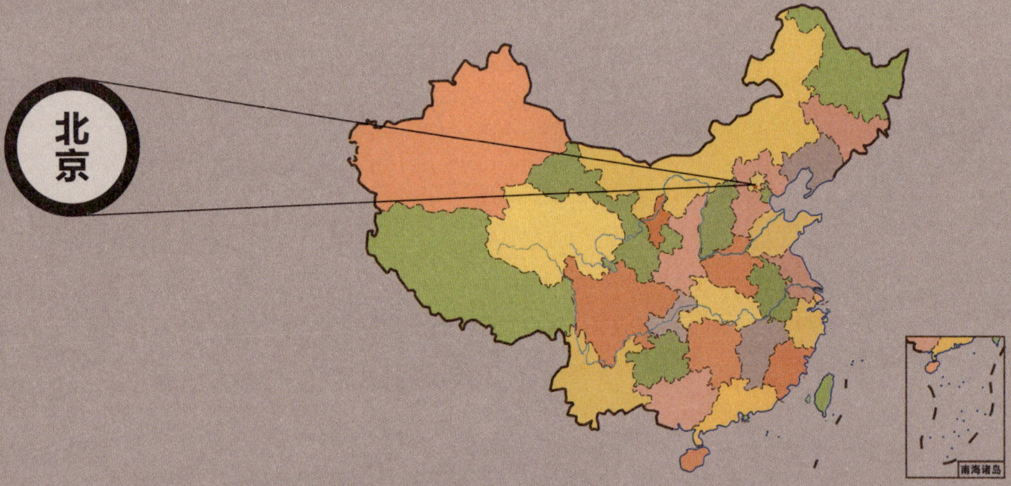

北京
八达岭长城
北京烤鸭
天坛
颐和园
天安门
北京市
驴打滚
月季
N
W
E
S

“我的照片墙”

天安门

天安门是明、清两代皇城的正门，位于北京城传统的城市中轴线上，由城台和城楼两部分组成，造型威严庄重，气势宏大。1949 年以后，天安门已经成为新中国的象征之一。

八达岭长城

八达岭长城位于北京市延庆区，是明长城中最精华的部分，集巍峨险峻、秀丽苍翠于一体，号称“天下九塞之一”，是居庸关长城的前哨，更是首都北京的重要屏障，历来是兵家必争之地。

北京烤鸭

北京烤鸭是闻名世界的名菜，选用优质北京鸭，用果木炭火烤制而成，肉质细嫩，味道醇厚，搭配荷叶饼、葱、酱食用，腴美适口，肥而不腻，令人回味不尽，被誉为“天下美味”。

北京猿人

北京猿人生活在距今大约 70 万年至 20 万年前，其头盖骨化石在北京市西南郊周口店村附近的一处洞穴堆积中被发现。北京猿人会用火，并采取以石击石的方法打制出刮削器、钻具、雕刻器等工具。北京猿人的发现为中国古人类及其文化的研究奠定了基础。

天坛

天坛是明、清两代帝王祭天的地方，包括圜丘、祈谷两坛。圜丘坛内的主要建筑有圜丘坛、皇穹宇等，祈谷坛内的主要建筑有祈年殿、皇乾殿、祈年门等。1998 年，天坛被联合国教科文组织确认为世界遗产，并列入《世界遗产名录》。

月季

月季是北京市的市花，它原产于中国，早在汉代就有栽培。月季因其具有坚韧不屈的精神，花香悠远，被人们作为幸福、美好、和平、友谊的象征，被誉为“花中皇后”。

颐和园

颐和园坐落在北京西郊，是清朝时期的皇家园林，是以杭州西湖为蓝本，汲取江南园林的设计手法而建成的一座大型山水园林，被誉为“皇家园林博物馆”。1998 年，颐和园被列入《世界遗产名录》。

“我的问题墙”

“南水北调”是把南方的水调到北京吗？

中国南方水多地少，北方水少地多，所以国家建设南水北调工程，目的是把长江流域的水调到缺水的北方地区，而不仅仅是为了解决北京的缺水问题。

香山的树叶为什么会变红？

树叶在春天和夏天总是绿色的，那是因为树叶里有叶绿素。到了秋天，温度骤然下降，树叶抵抗不住寒冷，叶内的叶绿素就会被破坏，树中的养分也会重新分配到树干和树根，以帮助树木度过阳光稀少的冬季。之后，树叶中原本存在的黄色的类胡萝卜素就会使树叶呈现黄色。有的树叶里会产生红色的花青素，使树叶变成红色。

北京的四合院为什么大多坐北朝南？

北京处在北半球中纬度，阳光大多数时间都是从南面照射过来的，所以四合院坐北朝南有利于采光。此外，北京冬季盛行西北风，夏季盛行东南风，坐北朝南使四合院能在冬季躲避寒冷的西北风，而在夏季接纳凉爽的东南风。因此，北京的四合院大多是坐北朝南的。

故宫为什么又叫“紫禁城”？

中国古人认为，紫微星居于中天，位置永恒不移，是天帝所居。所以，人们把天帝所居的天宫称为“紫宫”。故宫是明、清两代的皇宫，人们因此也称其为“紫宫”。同时，因为皇宫四周警戒森严，不是寻常百姓可以随便出入的，因此也被称为“禁城”，合起来称呼，就是“紫禁城”。

【特别的我】

1 我是谁

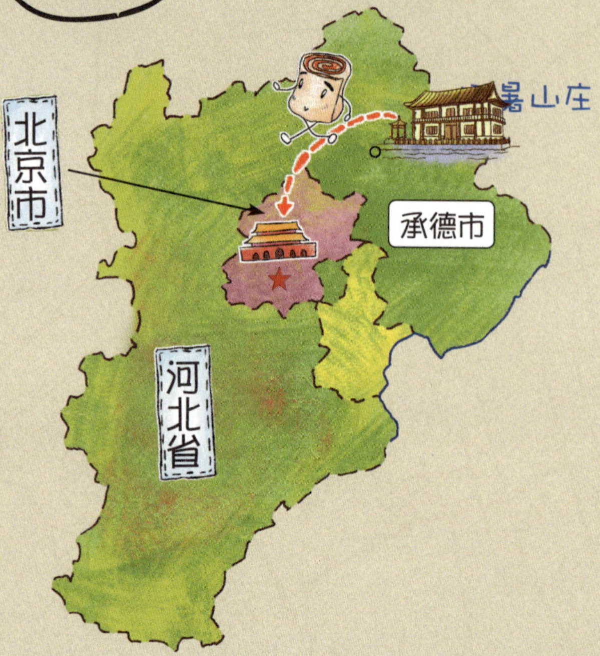

我是**驴打滚**，又叫**豆面糕**，在北京的小吃界小有名气。虽然我的老家在河北承德，但是，我是在北京红起来的，所以我现在可是正儿八经的北京名小吃。

2 驴打滚是怎么得名的

驴打滚是用**黄米面**夹馅儿卷成的**长卷**，卷下面铺着黄豆面。吃的时候，将长卷放在黄豆面中滚一下，就像是小毛驴在泥土里打滚，所以得名“驴打滚”。

③ 我的指数：★★★

高大上的名字配上我帅气的外表，使我在北京的**传统小吃界**大名鼎鼎。

④ 我的秘密

传说御厨给慈禧太后用**江米粉**裹着**红豆沙**做了新点心，被太监小驴儿碰到了**黄豆面**里。于是御厨就说这点心叫“驴打滚”。

Tianjin
出发，天津市

天津

我的名片

简称：津

面积：约 1.19 万平方千米

常住人口：1 560 万（2018 年）

著名景点：五大道、天津文化中心、盘山、古文化街等

市花：月季

特产：狗不理包子、泥人张彩塑等

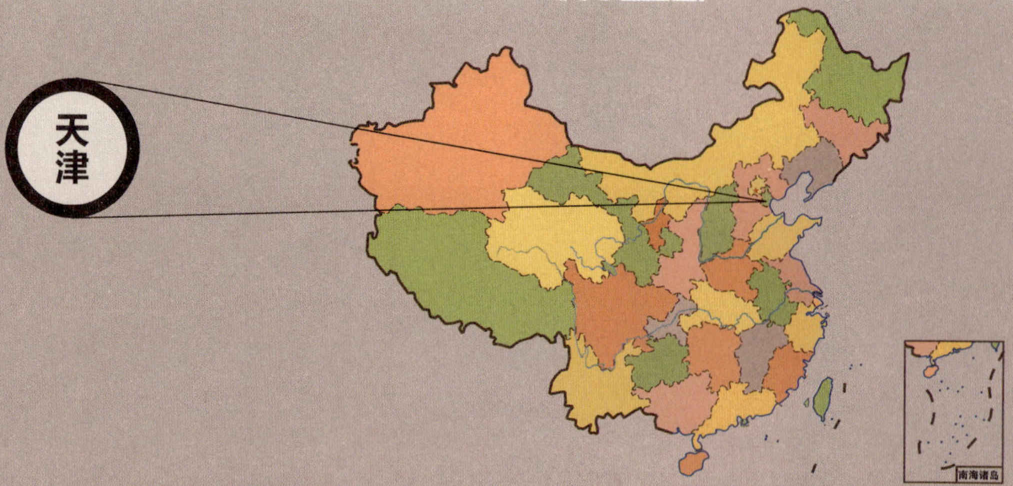

盘山
狗不理包子
麻花
西式建筑
天津市
长芦盐场
N
W
E
S

“我的照片墙”

狗不理包子

狗不理包子始创于清朝咸丰年间，为“天津三绝”之一。狗不理包子的面、馅选料精细，制作工艺严格，外形美观，吃起来鲜而不腻，清香适口。其制作技艺现已被列为国家级非物质文化遗产。

泥人张彩塑

泥人张彩塑是天津著名的手工艺品，被公认为天津的一绝。它始创于清朝道光年间，用色简雅明快，用料讲究，泥人历经久远，不燥不裂，栩栩如生，其制作技艺现已被列为国家级非物质文化遗产。

天塔

天塔是天津广播电视塔的简称，位于天津市区西南，建于 1991 年，高 415.2 米，目前为世界第九高塔，也是世界上唯一一座水中之塔。“天塔旋云”已被列入津门十景之一。

十八街麻花

桂发祥十八街麻花是天津的一道传统名点，为“天津三绝”之一，每个麻花中心都夹有一根由芝麻、桃仁、瓜子仁、青梅、桂花等小料配制的什锦馅酥条，其口感油润，酥脆香甜，令人叫绝。

盘山

盘山位于天津市西北，其自然风光优美，名胜古迹众多，佛家文化与皇家文化共融。历史上，众多帝王将相、文人墨客到此地游览。乾隆皇帝先后光临盘山 32 次，并发出了“早知有盘山，何必下江南”的感叹。

五大道洋楼建筑群

五大道位于天津市中心城区的南部，是指以成都、重庆、大理、睦南及马场为名的五条街道（现在扩充进常德道，实际为六条道路的总称），拥有二十世纪二三十年代建成的具有不同国家建筑风格的花园式房屋 2 000 多所，是天津保留最为完整的洋楼建筑群。

“我的问题墙”

长芦盐场为什么会成为中国最大的盐场？

1. 长芦盐场位于渤海湾西岸，有广阔而平坦的泥质海滩。

2. 长芦盐场雨季短，春季气温回升快，蒸发旺盛，有利于晒盐。

3. 长芦盐场的开发历史悠久，具有丰富的晒制海盐经验。

“狗不理包子”是怎么得名的？

“狗不理”的创始人名叫高贵友，乳名叫“狗子”。他在天津开了包子铺后，生意十分兴隆，经常忙得没空跟顾客说话，于是，大家就戏称他“狗子卖包子，不理人”。后来，人们喊顺了嘴，都叫他“狗不理”，把他的包子称作“狗不理包子”。

天津是怎么得名的？

1399 年，燕王朱棣率军南下，从天津三岔口渡河袭取沧州。1402 年，朱棣大军攻入当时明朝的首都南京，登上了天子宝座。朱棣登基后，认为三岔河口是块风水宝地，便叫群臣献名。最后，朱棣选中了“天津”二字，意为“天子渡津之地”，天津由此得名。

天津为什么被称为“世界建筑博物馆”？

第二次鸦片战争后，天津沦为九国租界地，一大批欧洲建筑师争奇斗巧，在海河两岸留下了数量众多、异彩纷呈的西式建筑。这些近代建筑或雄伟壮观，或小巧玲珑，或浑厚庄重，或富丽雅致，各具特色，天津因此被称为“世界建筑博物馆”。

Hebei

出发，河北省

河北

我的名片

简称：冀

省会：石家庄

面积：18.88 万平方千米

常住人口：7 556 万（2018 年）

著名景点：避暑山庄、北戴河、清东陵等

特产：赵州雪花梨、武强年画、京东板栗等

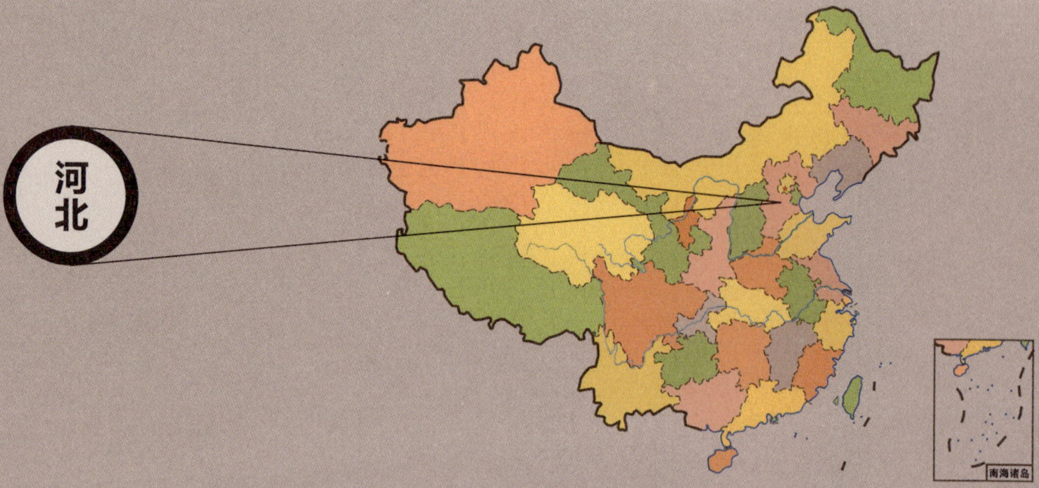

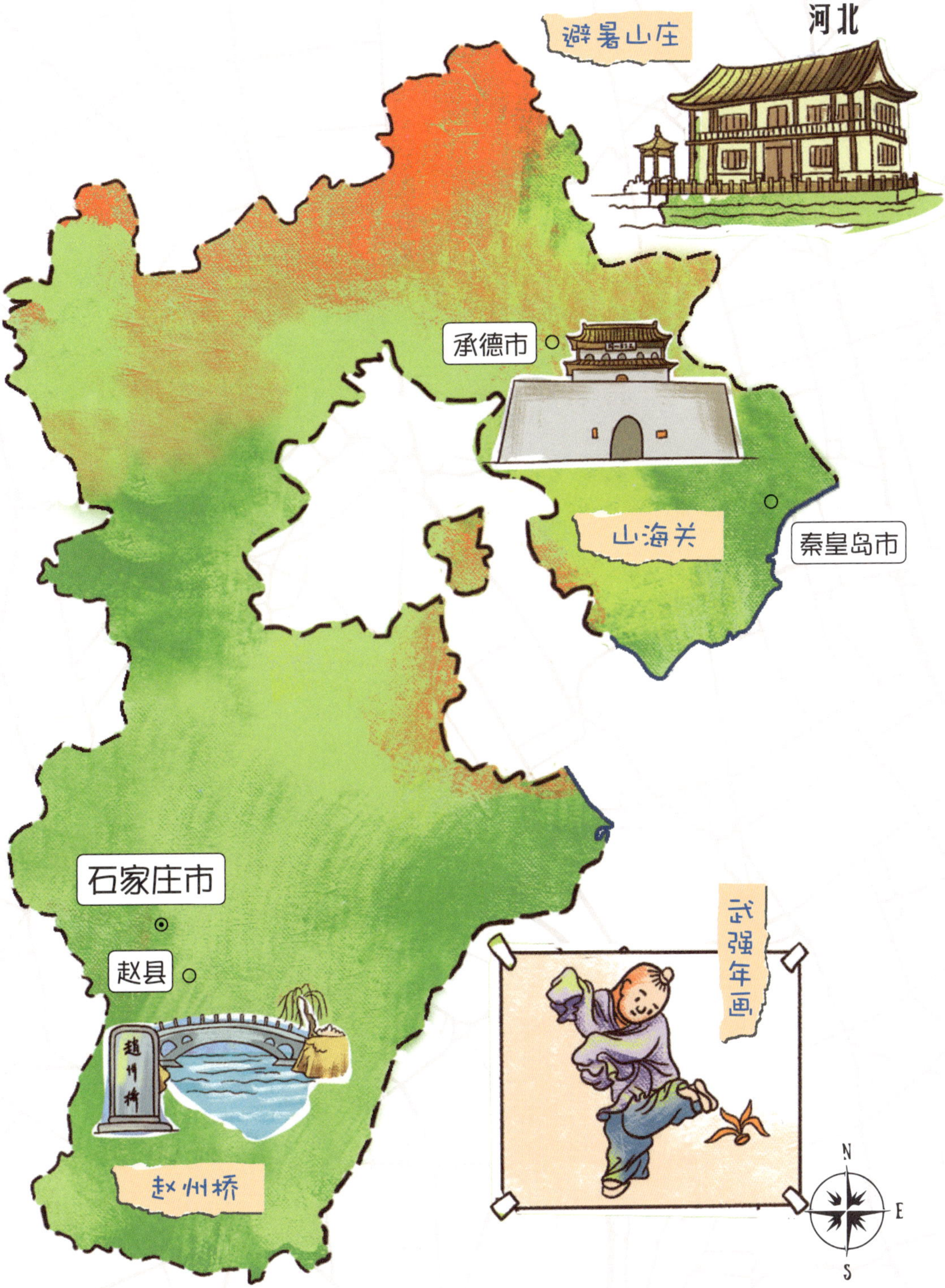

河北
避暑山庄
承德市
山海关
秦皇岛市
石家庄市
赵县
赵州桥
武强年画
N
E
S

“我的照片墙”

武强年画

武强年画是河北省武强县的一种传统民间工艺品，是中国民间特有的一种绘画形式，其构图丰满，线条粗犷，色彩鲜明，装饰夸张，节俗特色浓厚，具有独特的民族艺术风格，是民间年画中的佼佼者。

西柏坡

西柏坡是中国革命圣地之一，位于河北省石家庄市，曾是中共中央所在地，党中央和毛主席在此指挥了震惊中外的辽沈、淮海、平津三大战役，现已被列为全国重点文物保护单位。

狼牙山

狼牙山位于河北省保定市，因奇峰林立、状若狼牙而得名。1941 年 9 月 25 日，马宝玉、胡德林、胡福才、葛振林、宋学义五名战士为掩护主力部队转移，把敌人引到狼牙山，弹尽之后，砸坏武器，跳下了悬崖。狼牙山也因这五位勇士而扬名。

驴肉火烧

驴肉火烧起源于保定，是华北地区极为流行的传统小吃。驴肉火烧分为保定版和河间版，其最直观的区别在于保定的驴肉火烧是圆的，而河间的驴肉火烧是长方形的。

清东陵

清东陵位于河北省唐山市，这里埋葬着 5 位皇帝、15 位皇后、136 位妃嫔、3 位阿哥、2 位公主，是中国现存规模最宏大、体系最完整、布局最得体的帝王陵墓建筑群，也是全国重点文物保护单位。

吴桥杂技

河北省沧州市的吴桥县是中国的“杂技之乡”，是中国杂技的发祥地之一。吴桥杂技构思新颖，技艺纯熟，既惊险奇特又幽默滑稽，具有鲜明的民族传统风格，现已被列为国家级非物质文化遗产。

成语典故之乡——邯郸

邯郸在春秋时期就已成为中国北方经济中心，战国时期为赵国的都城，迄今已有 2500 多年的文字记载历史。汉语中的许多成语典故都与此地有关，例如“负荆请罪”“邯郸学步”“黄粱一梦”“纸上谈兵”等。

“我的问题墙”

康熙帝为什么要修建承德避暑山庄？

清朝时期，康熙帝决定建立皇家猎场用来训练官兵。于是，他亲自选址建立了木兰围场，每年秋季都会带领王公大臣、八旗军队等前去狩猎。为了解决沿途的吃、住和处理政务的问题，康熙帝便在北京至木兰围场之间修建了21座行宫，其中“热河行宫”，即承德市的避暑山庄便是最大的一座。

赵州桥为什么被称为“天下第一桥”？

赵州桥位于赵县，是世界上现存最古老的大型单孔圆弧形石拱桥，距今已有1400余年的历史。赵州桥设计科学，构造合理，历经千年风雨仍巍然屹立，其桥身坚实、巨大、空灵、轻秀，寓秀美于雄伟之中，因而被列为全国重点文物保护单位，也被世人誉为“天下第一桥”。

山海关为什么被誉为“天下第一关”？

山海关位于秦皇岛市，从它再往南，就是建筑在海滨上的老龙头。1990年以前，老龙头曾被认为是明长城的东部起点，因此山海关就是明长城东北的第一座关隘。而且山海关依山临海，易守难攻，因此便被人们称为“天下第一关”了。

北戴河为什么会成为避暑胜地？

北戴河位于秦皇岛市，气候受海洋的调节，夏无酷暑。日最高气温超过30℃的天数，每年平均只有7.6天。夏季，其气温比北京要低3℃～5℃，再加上有阵阵海风吹拂，就更凉爽宜人了。北戴河有许多休养所、疗养院、海滨浴场等，基础设施完善，接待能力强。因此，北戴河便成了避暑胜地。

Heilongjiang

出发，黑龙江省

黑龙江

我的名片

简称：黑

省会：哈尔滨

面积：47.3 万平方千米

常住人口：3 773 万（2018 年）

著名景点：五大连池、太阳岛等

特产：五常大米、哈尔滨红肠等

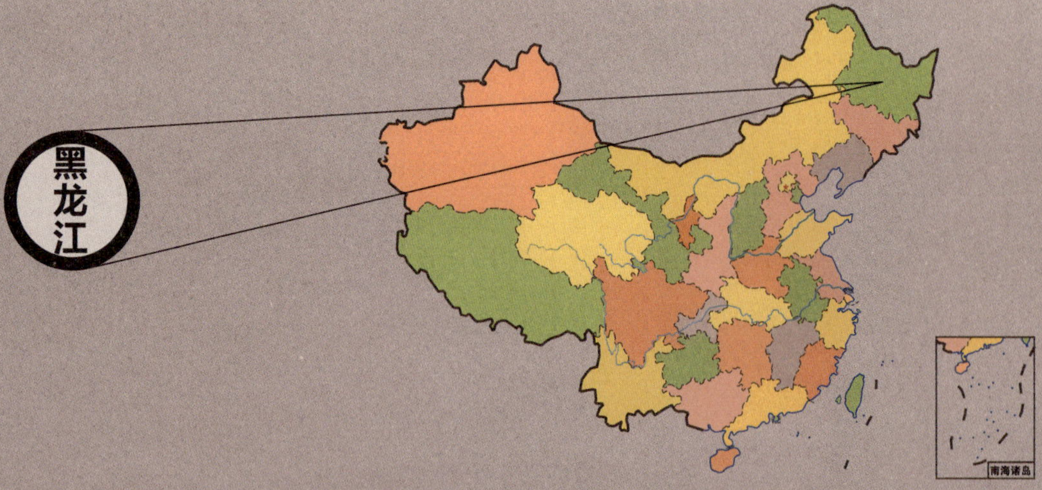

北极村
漠河县
大马哈鱼
蘑菇
五大连池
五大连池
世界地质公园
木耳
大庆石油
大庆市
哈尔滨市
五常大米
哈尔滨红肠
N
W
E
S

“我的照片墙”

大马哈鱼

大马哈鱼是鲑鱼的一种，属于食肉鱼类，因为肉质鲜美，营养丰富，历来被人们视为名贵鱼类。黑龙江流域盛产大马哈鱼，是“大马哈鱼之乡”，而黑龙江省也是中国唯一的大马哈鱼出口商品基地。

哈尔滨红肠

哈尔滨红肠是选用黑龙江本地优质猪肉或者牛肉，加入黑胡椒、大蒜等多种调料，经过腌制、拌馅、灌肠、煮、熏等欧式传统工艺精心制作而成的。与香肠相比，它易嚼不油腻，很受大家欢迎。

五常大米

五常大米是黑龙江五常市出产的品牌大米。五常大米颗粒饱满，质地坚硬，色泽白透，饭粒油亮，香味浓郁，是大米中的佳品，素有“贡米”之称。

木耳

木耳是黑龙江特有的山珍之一，色泽黑褐，湿润时质地柔软，呈胶质状，薄而有弹性，干燥时收缩变为脆硬的角质。木耳味道鲜美，营养丰富。

蘑菇

黑龙江的蘑菇以个头大、色气正、味道鲜而著名。蘑菇含有丰富的蛋白质、维生素、糖类和氨基酸，营养价值很高，被誉为植物肉，有的还可入药，治疗消化不良、手足麻木等病症。

赫哲族

赫哲族人主要分布在黑龙江省东北部的三江流域，主要以渔业生产为生，善于捕鱼，以鱼为食，用鱼皮做衣服，鱼骨做装饰，因此赫哲族被称为“鱼皮部落”。

“我的问题墙”

大庆为什么被称为“石油城”？

大庆市拥有中国第一大油田、世界第十大油田——大庆油田。大庆油田于1960年正式投产，至今，已经累计生产原油23.7亿吨。同时，大庆也是一座以石油、石化为支柱产业的著名工业城市。因此，大庆被人们誉为“石油城”。

为什么要停止开发北大荒？

北大荒被大面积开荒，虽然扩大了耕地面积，但也使北大荒的部分湿地消失，生态环境受到破坏，生物多样性出现危机，不少鸟兽无法在此栖息，被迫迁徙他乡，土壤也越来越贫瘠，自然灾害也越来越多。因此，为了保护湿地资源，政府果断决定停止开发北大荒。

哈尔滨为什么被称为“冰城”？

哈尔滨地处中国北部，冬长夏短，夏季凉爽宜人，冬季漫长寒冷。冰雪文化久负盛名，亚布力高山滑雪、兆麟公园冰灯游园会、松花江上冬泳、雪雕等在国内外享有盛誉，因此哈尔滨被人们誉为“冰城”，是冰雪旅游、避暑休闲的胜地。

为什么把漠河称为“北极村”？

漠河县位于中国最北端，纬度为53° N左右，是中国纬度最高的地区。一年中，这里有八个月处于寒冷的冬季，同时这里也是中国最寒冷的地区。所以，大家都称其为“北极村”。

Jilin

出发，吉林省

吉林

我的名片

简称：吉

省会：长春

面积：18.74 万平方千米

常住人口：2 704 万（2018 年）

著名景点：长白山、伪满皇宫等

特产：人参、貂皮、鹿茸等

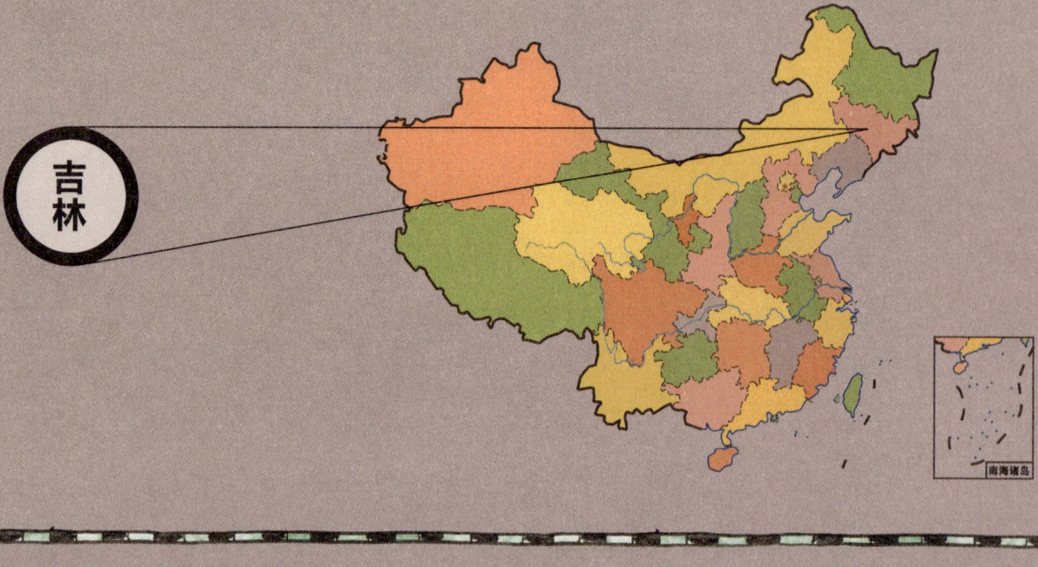

雾凇
伪满皇宫
人参
长春市
长白山
朝鲜族人
N
W
E
S

“我的照片墙”

伪满皇宫

伪满皇宫位于吉林省长春市宽城区光复路北侧，是清朝末代皇帝爱新觉罗·溥仪充当伪满洲国傀儡皇帝时的宫廷，是中国现存的三大宫廷遗址之一。

长白山

长白山因主峰多白色浮石与积雪而得名，位于吉林省东南部，东南与朝鲜毗邻，是东北最高的山地。长白山是一座休眠的火山，地理构造独特，景观绮丽迷人。

貂皮

貂皮是中国东北三宝之一，被称为“裘中之王”。它属于细皮毛裘皮，皮板优良，轻柔结实，毛绒丰厚，色泽光润。在国外，它被称为“软黄金”，用它制成的皮草服装，雍容华贵。

人参

人参是吉林名副其实的“土特产”，被称为“百草之王”，位居“东北三宝”之首。在中国，人参的药用历史悠久，主要用于愈后恢复，增强体力，降低血糖和控制血压等。

朝鲜冷面

朝鲜冷面是一种传统民族食品。制作流程是先把面条煮熟，浸以冷水，沥干，放进盐、醋、酱油等调味料，再加上番茄、黄瓜等蔬菜，最后浇汤。吃时把蔬菜与面条拌好，再配上朝鲜咸菜或泡菜即可。

鹿茸

吉林鹿茸主产于吉林省长白山区，是“东北三宝”之一。鹿茸取自梅花鹿新生的没有长成硬骨时的嫩角，不仅营养丰富，而且是一种贵重的中药，古时被列为贡品。

吉林雾凇

吉林雾凇主要分布在吉林的松花江畔。雾凇俗称树挂，是在有雾的寒冷天气里，雾滴冻结附着在草木和其他物体迎风面的疏松冻结层。吉林雾凇与桂林山水、云南石林、长江三峡并称为中国四大自然奇观。

“我的问题墙”

长春为什么又叫“汽车城”？

长春的一汽集团是新中国第一家汽车厂，生产了新中国的第一辆卡车、第一辆轿车，是中国最大的汽车工业科研生产基地，其汽车产量占全国总产量的五分之一。因此，长春被誉为中国的“汽车城”。

长白山野山参为什么品质高？

长白山山脉是野山参生长的最佳地域。这里林下土地肥沃，富含营养的落叶层厚达 20 厘米以上，地表温度高，含水性强，植被繁茂。这里独特的自然环境，正是孕育野山参这种珍宝的摇篮。

朝鲜族人为什么喜欢吃狗肉？

朝鲜族人非常爱吃狗肉，他们有一句古语：“狗肉滚三滚，神仙站不稳。”朝鲜族人认为吃狗肉可以清热解毒，还认为狗肉在夏天吃最好，因为天热出汗会消耗体力，吃狗肉能补充营养。用狗肉来烹制菜肴，也是朝鲜族烹饪中的一大特色。

朝鲜族妇女为什么喜欢荡秋千？

秋千制作简单，便于人们娱乐，又带几分惊险和刺激，因此深受人们喜爱，尤其是受到朝鲜族妇女的喜爱。荡秋千不仅能使她们的服饰得到充分展示，而且让她们内心的喜悦得到充分释放，因此朝鲜族秋千被认为是最能展现朝鲜族女性美的娱乐项目之一。

Liaoning

出发，辽宁省

辽宁

我的名片

简称：辽

省会：沈阳

面积：14.8 万平方千米

常住人口：4 359 万（2018 年）

著名景点：沈阳故宫、医巫闾山等

特产：秋白梨、丹东板栗等

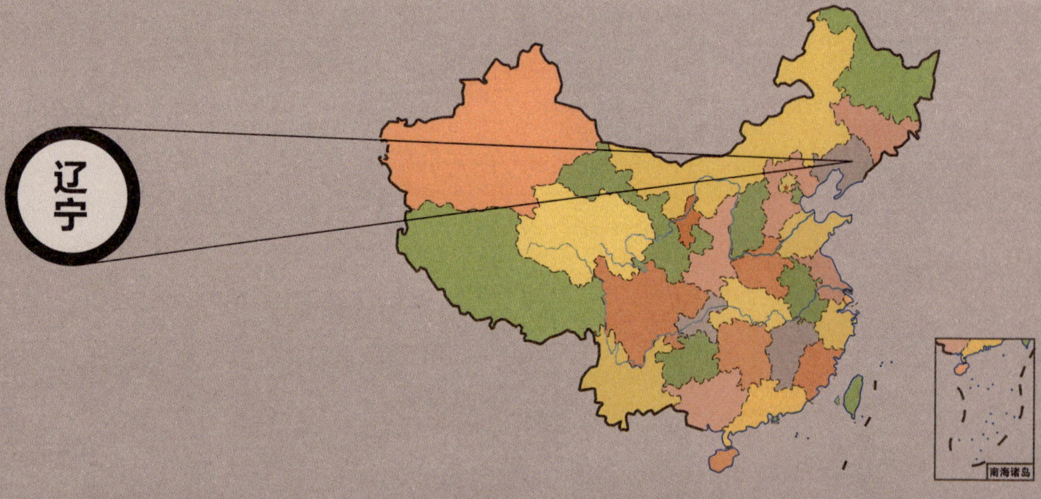

辽宁

“我的照片墙”

海八珍

辽宁省沿海水产生物资源丰富，品种繁多，其中，海参、鲍鱼、鱼肚、干贝、鱼唇、鱼子等，被视为宴席上的上乘佳肴，俗称“海八珍”。

清昭陵

清昭陵位于沈阳市旧城北，因此也称“北陵”，是清朝开国君主太宗皇太极以及孝端文皇后博尔济吉特氏的陵墓，是清初“关外三陵”中规模最大、气势最宏伟的一座。

丹东板栗

丹东板栗产自辽宁省丹东市，果实个大，色泽白，口感好，不裂瓣，可生食、糖炒，还可以制成罐头，磨粉制糕，调羹烹菜等。栗子含有糖、蛋白质、脂肪和多种维生素，食用和经济价值都很高。

秋白梨

秋白梨是中国北方最古老的梨品种，辽宁是中国三大白梨产区之一。秋白梨是长圆或卵圆形的果实，果皮金黄，平均每个重150克，虽然果实硕大，但是果心却很小。其肉质细嫩，味道甘美。

笔架山

笔架山位于辽宁省西部，面对渤海，毗邻锦州港，是道教的名山胜地。山有三峰，两低一高，像是笔架，因此得名笔架山。从海岸到笔架山岛有一条潮汐冲积而成的天然卵石通道，随着潮汐的涨落时隐时现，人称“天桥”。

医巫闾山

医巫闾山位于辽宁省锦州市境内，因元、明、清帝王登基时，需照例到山下北镇庙遥祭此山，此山一跃成为东北名山之首。它以悠久的历史文化和秀丽的自然风光而享誉国内外。

“我的问题墙”

辽沈战役中我军为什么先攻打锦州？

锦州是整个辽宁乃至东北的交通要道。锦州北面是地势险要的山脉，南面是渤海，如果占据了锦州，就掐断了敌军在平坦地区的运动能力，敌军只能上山或下海，交通极为不便，因此便于我军阻击。

鸭绿江断桥是怎么形成的？

鸭绿江断桥位于丹东市振兴区江岸路鸭绿江畔，是鸭绿江上的第一座桥梁。抗美援朝战争期间，该桥作为我方支援朝鲜前线的交通大动脉上的重要节点，具有突出的战略地位，因而被美军轰炸机炸断，仅有我方一侧四孔残桥保留至今，所以被称为“断桥”。

沈阳为什么有故宫？

沈阳故宫始建于 1625 年，是清军入关前清太祖努尔哈赤、清太宗皇太极建造的皇宫，又称盛京皇宫。清朝入主中原后对盛京皇宫又进行了保护和扩建，到乾隆帝时基本形成今日规模。2004 年，沈阳故宫作为明清皇宫文化遗产扩展项目被列入《世界遗产名录》。

鞍山为什么被称为“钢都”？

鞍山是东北地区最大的钢铁工业城市，也是新中国钢铁工业的摇篮，新中国的第一炉钢、第一根无缝钢管等都是在这里生产的，所以鞍山被人们称为“钢都”。

Inner Mongolia Autonomous Region
出发，内蒙古自治区

内蒙古

我的名片

简称：内蒙古

首府：呼和浩特

面积：118.3 万平方千米

常住人口：2 534 万（2018 年）

著名景点：成吉思汗陵、呼伦贝尔草原等

特产：三河牛、马奶酒等

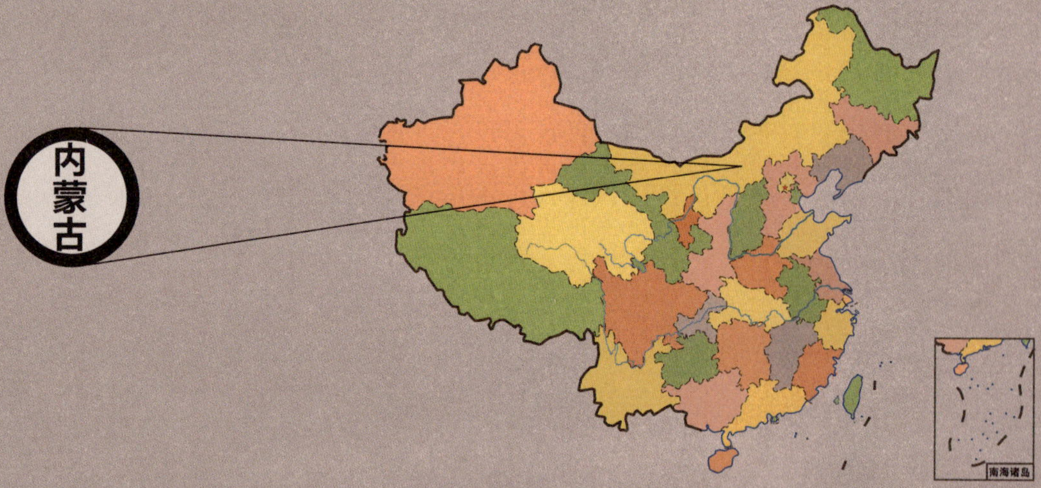

内蒙古
呼伦贝尔草原
马奶酒
摔跤
敖包
呼和浩特市
手把羊肉
蒙古包
N
W
E
S

“我的照片墙”

呼伦贝尔草原

呼伦贝尔草原位于大兴安岭以西，因呼伦湖、贝尔湖而得名。呼伦贝尔草原海拔在650～700米之间，地势东高西低，是中国保存完好的草原之一，水草丰美，被称为“牧草王国”。

摔跤

蒙古族摔跤既是体育活动，也是一种娱乐活动，一般在祭敖包和那达慕大会时进行。双方摔跤手互相搏斗，由捉、拉、扯、推、压等十三个基本摔跤技巧演变出一百多个动作，采取淘汰的方式决出冠军、亚军和季军。

达斡尔族

达斡尔族主要分布在内蒙古自治区莫力达瓦达斡尔族自治旗、鄂温克族自治旗、扎兰屯市和黑龙江省齐齐哈尔市等。达斡尔族人性格彪悍，有射箭、摔跤、扳棍、曲棍球等传统运动项目。莫力达瓦达斡尔族自治旗被誉为“曲棍球之乡”。

手把羊肉

蒙古族手把羊肉是将全羊切成若干块，白水下锅，不加任何佐料，水沸后出锅，肉香味美，鲜嫩异常。吃时用蒙古刀割、刮、剔，用手撕着吃，故名“手把羊肉”。

敖包

敖包是蒙古语，音译意思是“堆子”，多用石头或沙土堆成，也有用树枝垒成的。一般位于高坡或丘陵之上，形状多为圆锥体，高达数丈，原是人们作为道路和境界的标志，后来逐步演变成祭祀山神、路神和祈祷丰收、家人幸福平安的象征。

马奶酒

马奶酒是“蒙古八珍”之一，是蒙古族人民日常生活中最喜欢的饮料。每年七、八月份牛肥马壮时，蒙古族妇女将马奶收贮于皮囊中，加以搅拌，几天后乳脂分离，发酵成酒。马奶酒有驱寒、舒筋、活血、健胃等功效。

蒙古包

蒙古包是蒙古族牧民居住的一种房子，既便于搭建，又便于拆卸移动，适于轮牧走场居住。蒙古包用特制的木架做围栏支撑，用两三层羊毛毡围裹，然后用马鬃或驼毛拧成的绳子捆绑而成，包内宽敞舒适。

“我的问题墙”

呼和浩特为什么又叫“青城”？

呼和浩特蒙古语意为“青色的城市”。呼和浩特自古就是中国北方少数民族放牧骑射之地，明万历九年（1581年），阿勒坦汗和他的妻子三娘子在这里正式筑城，城墙用青砖砌成，远望一片青色，“青城”之名由此而来。

蒙古包为什么要做成圆形的?

蒙古包是牧民日常生活的重要场所，里面放着各种生活必需品。与其他形状的建筑相比，圆形的利用面积最大。而且圆形可以减少大风对建筑物的直接影响，密封性能也很好。即使在严寒的冬季，只要多加几层毡，包内生着火以后立刻温暖如春。

蒙古族为什么被称为“骑在马背上的民族”？

蒙古族有一个特点，就是离不开马。他们的祖先曾骑着马四处征战，创造了英雄的功绩。他们劳动生产离不开马，行路离不开马，就连吃、住、娱乐都离不开马。蒙古族盛行的体育运动之一是赛马，歌唱的内容是骏马，跳的舞是《牧马舞》《马刀舞》，连最有名的乐器也叫马头琴。因此，人们把蒙古族称为“马背上的民族”。

内蒙古西部为什么有很多沙漠?

内蒙古自治区面积广大，东西跨度大，西部内陆地区距离海洋非常遥远，来自海洋的水汽难以到达，所以这里降水少，水资源缺乏，属于干旱半干旱的温带大陆性气候。因此这些地方总是草木稀疏，甚至形成了好几个沙漠。

漫游中国古都

开封： 古名大梁、汴梁、东京、汴京等，战国时期的魏国，五代时期的后梁、后晋、后汉、后周以及北宋、金七个王朝曾先后在此定都，故称“七朝都会”。

西安： 古名长安，是中国历史上建都朝代最多，建都时间最长的古都，有西周、秦、汉、隋、唐等在内的十三个朝代在此建都。

洛阳： 洛阳最早建成于夏朝，有东周、东汉、曹魏、西晋、北魏等朝代在此定都，也是中国历史上唯一被命名为“神都”（神州大地之都，684 年武则天定）的城市。

北京：全球拥有世界文化遗产数最多的城市。938 年以来，北京先后成为辽陪都、金中都、元大都、明、清国都。1949 年 10 月 1 日，北京成为中华人民共和国的首都。

南京：古名金陵、秣陵、建业、应天等，从三国的吴国开始近 400 年间，连续有六个朝代（吴、东晋、宋、齐、梁、陈）在南京建都，因此后人称南京为“六朝古都”。

杭州：曾是五代吴越国和南宋两代建都的地方，历史文化积淀深厚，以风景秀丽著称，同时人文景观也丰富多彩。

出版策划：张焱宏
美术编辑：周邦雄
装帧设计：木 木
桃 子
特邀审校：段桂华
杨 凡

第2卷

地图里的中国

带着问题去旅行

斯塔熊文化　编绘

山东友谊出版社

图书在版编目（CIP）数据

地图里的中国：带着问题去旅行 / 斯塔熊文化编绘.
--济南：山东友谊出版社，2020.1

ISBN 978-7-5516-1925-7

Ⅰ.①地… Ⅱ.①斯… Ⅲ.①地理－中国－问题解答
Ⅳ.①K92-44

中国版本图书馆CIP数据核字（2019）第159308号

地图里的中国：
带着问题去旅行
DITU LI DE ZHONGGUO：DAI ZHE WENTI QU LVXING

制　　作　墨阅青简
责任编辑　肖　杉
主管单位　山东出版传媒股份有限公司
出版发行　山东友谊出版社
地　　址　济南市英雄山路189号　　邮政编码　250002
电　　话　出版管理部（0531）82098756
　　　　　市场营销部（0531）82098035（传真）
印　　刷　鹤山雅图仕印刷有限公司
开　　本　720mm×1000mm　1/12
字　　数　150千字
印　　张　15
版　　次　2020年1月第1版
印　　次　2020年1月第1次印刷
审 图 号　GS（2019）3626号
定　　价　108.00元（全5册）

（如印装质量有问题，请与出版社出版管理部联系调换）

目录

Contents

Shandong

出发，山东省

山东

我的名片

简称：鲁

省会：济南

面积：约 15.8 万平方千米

常住人口：10 047 万（2018 年）

著名景点：泰山、孔府等

特产：德州扒鸡、烟台苹果等

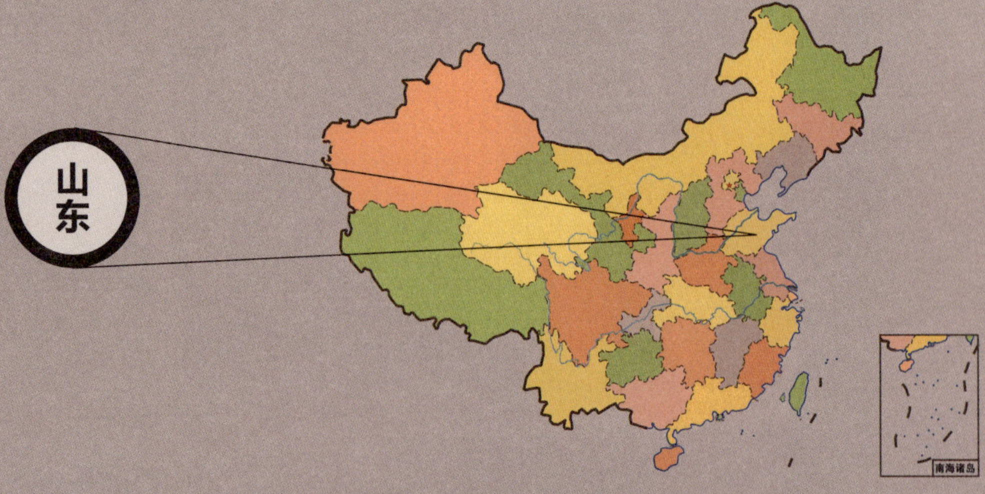

山东

“我的照片墙”

孔孟文化

由春秋时期孔子创立、战国时期孟子等人将其发扬光大的儒家学说，在思想、政治、教育、为人处世等方面提出了划时代的观点。儒家学说长期被封建统治者奉为正统思想。

泰山

泰山屹立于山东省中部，有“天下第一山”和“五岳之首”的美誉，也是世界文化与自然双重遗产。泰山自古便被视为社稷稳定、国家昌盛、民族团结的象征，无论是帝王将相，还是名人宗师，都对泰山仰慕备至。

山东快书

清末道光年间、咸丰年间，山东快书产生于鲁中、鲁西农村，因其伴奏乐器与演唱风格特点的不同，又名“竹板快书”或“滑稽快书”。传统曲目有《武松传》《大闹马家店》《鲁达除霸》等。

德州扒鸡

德州扒鸡又称德州五香脱骨扒鸡，是中华传统名吃，鲁菜经典菜品。造型上，鸡的两腿盘起，将爪子放入鸡的胸膛，双翅经过脖颈由嘴中交叉而出，呈现卧着的姿态，色泽黄中透红，肉嫩味醇。

单县羊肉汤

单县羊肉汤以其“色白似奶，水脂交融，质地纯净，鲜而不膻，香而不腻，烂而不黏”的独特风格，被载入《中国名菜谱》。

潍坊风筝

潍坊风筝是北派风筝的代表，具有起飞平稳、放飞高的特点。无论是软翅、硬翅还是串式、立体式的风筝，除了板子风筝需要坠儿外，其他不需要任何辅助物都能平稳地升上天空。

高密剪纸

高密剪纸集江南剪纸的玲珑剔透和江北剪纸的粗犷淳朴于一身，从民间传说、神话故事和戏曲故事中取材，造型朴实夸张，粗犷中见清秀，拙朴中藏精巧，有《十二生肖图》《百牛图》等精品。

“我的问题墙”

烟台的苹果为什么好吃？

烟台苹果的主产区集中在胶东半岛中心地带的栖霞、福山、牟平、海阳等地，这里属暖温带气侯，境内丘陵连绵，空气湿润，光照充足，昼夜温差大，极利于糖分的有效积累。土壤为中性偏碱的沙壤土质，含有较丰富的磷、钾、钙、镁等元素，利于苹果生长。

济南为什么被称为“泉城”？

济南泉眼众多，有名的泉眼就有 72 个，趵突泉更是驰名天下，不但是七十二名泉之首，也被称为“天下第一泉”。济南的泉水不仅数量多，而且形态各异，因此，济南被人们誉为“泉城”。

泰山为什么被称为“五岳之首”？

泰山位于泰安市。在中国古代，曾有 72 个王与 12 个皇帝到这里举行封禅大典，也有很多文人骚客在这里留下了大量的诗词歌赋。另外，五岳之中，泰山在东边，东是太阳升起的地方，中国人传统上以东为尊。所以，人们便将泰山认定为“五岳之首”。

青岛为什么不怕淹？

青岛三面环海，40% 以上的地形为山地丘陵，便于地面径流快速汇入大海。同时，青岛有着完善的排水系统，排水管网建设标准和密度在国内处于较高水平。因此，青岛便被人们称为“中国最不怕淹的城市”。

Shanxi

出发，山西省

山西

我的名片

简称：晋

省会：太原

面积：15.67 万平方千米

常住人口：3 718 万（2018 年）

著名景点：五台山、平遥古城、云冈石窟等

特产：平遥牛肉、老陈醋等

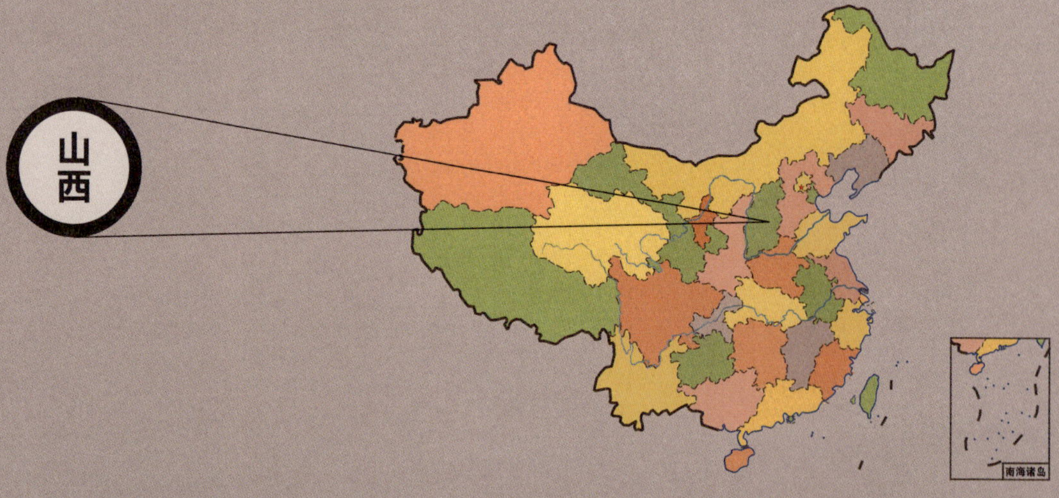

山西
云冈石窟
大同市
佛
五臺山
五台山
平遥古城
太原市
老
陳
醋
醋
老陈醋
平遥县
平遥牛肉
N
W
E
S

“我的照片墙”

老西儿

旧时代将山西人戏称为“老西儿”。这是因为：第一，山西在太行山以西；第二，山西人饮食离不开醋，古时醋被称为“醯”（xī），与“西”谐音；第三，明清至民国时期，山西的生意人遍布天下，他们十分节约，有钱舍不得花，人们揶揄他们这一性格。

老陈醋

老陈醋是一种具有山西地方特色的调味佳品。老陈醋具有一般醋的酸醇、味烈、味长等特点，同时，还具有香、绵、不沉淀的特点。

平遥牛肉

平遥牛肉是山西晋中地区平遥县的传统名菜。其色泽红润，肉质鲜嫩，肥而不腻，瘦而不柴，醇香可口，营养丰富，是中国国家地理标志产品。

五台山

五台山位于忻州市五台县境内，与浙江普陀山、安徽九华山、四川峨眉山并称“中国佛教四大名山”。而五台山又以建寺历史悠久和规模宏大，居四大名山之首，所以又有“金五台”之称，为文殊菩萨的道场。

走西口

历史上，山西许多生活困难的农民走出了一条有规矩的经商之路，在艰苦的岁月里，他们把目光投向了塞外，通过山西的杀虎口去往内蒙古，俗称“走西口”，此举沟通了内蒙古与内地的商旅往来。

云冈石窟

云冈石窟位于大同市西郊17千米处的武周山南麓，石窟依山开凿，东西绵延1千米。主要洞窟有45个，大小窟龛252个，石雕造像51 000余座，是中国规模最大的古代石窟群之一。造像气势宏伟，内容丰富多彩，被誉为中国古代雕刻艺术的宝库。

“我的问题墙”

太原为什么被称为“龙城”？

太原自建城以来，便先后成为赵国、前秦、北汉三个政权的都城，是东魏、北齐、唐朝、后唐、后晋、后汉六个政权的陪都。拥有2 500多年历史的太原是“龙潜之地”，历史上许多皇帝都与这座城市有过特别密切的关系，因此太原被称为“龙城”。

云冈石窟为什么要建在武周山上？

1. 北魏从盛乐迁都到平城，两地间往来频繁，而武周山正是两地的交通要冲。

2. 北魏军队和皇帝常在武周山祈祷、祭拜，因此这里便成了北魏皇室的祈福“神山”。

3. 北魏时期，此地山林葱郁，是僧人修行的理想之处，而且这里的岩石比较适合进行雕刻。

平遥古城为什么保存得这么完好？

清朝末年，平遥发展缓慢，新建的建筑不多。20世纪80年代初，平遥县在建设过程中，采用了同济大学阮仪三教授提出的“新旧决然分开，确保老城，发展新城”的方案，让平遥古城得到了完整的保留。

山西人为什么爱吃醋？

山西缺水，许多地方是低洼盐碱滩，水土含碱量高。因此，山西人多吃醋，便可以中和体内的碱性物质，有利于身体健康。同时，山西是面食之乡，山西人认为醋能让各种面食最“入味”，因此形成了爱吃醋的饮食习惯。

【特别的我】

1 我是谁

我是**悬空寺**，位于北岳恒山脚下金龙峡西侧翠屏峰的**峭壁间**，距大同市中心约 80 千米，是北岳恒山十八景中最独特的一景，号称“恒山第一胜景”。

2 我的秘密

表面上看，支撑我的是十几根木头柱子。其实我的真正重心在岩石里，我是**悬而不空**的建筑。

3 悬空寺为什么要建在悬崖上

从前这里是**南去五台、北往大同**的交通要道，我建在这里，可以方便来往的信徒进香。而且，从前浑河河水从山脚下流过，常常泛滥成灾，人们以为有金龙作祟，便在这**百丈悬崖**上修建了我，以求平安。

4 我的指数：★★★★★

一般寺庙都建在平地上，我却是名副其实地建在悬崖峭壁上，**悬在半空**之中，就像是粘挂在悬崖上似的。见过我的人都说我有**凌空欲飞**之势，景致惊险奇特，别具一格。

Henan

出发，河南省

河南

我的名片

简称：豫

省会：郑州

面积：16.7 万平方千米

常住人口：9 605 万（2018 年）

著名景点：少林寺、白马寺等

特产：信阳毛尖、新郑大枣等

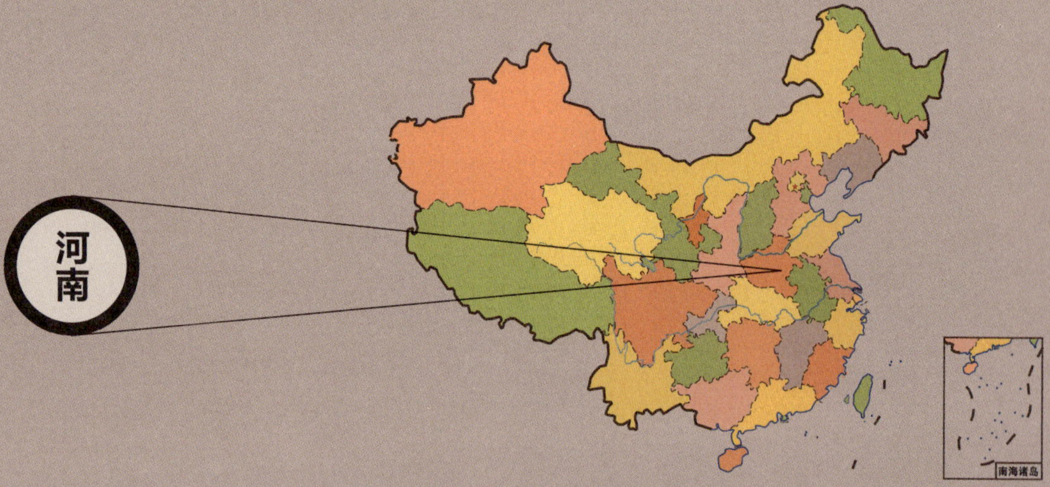

河南

“我的照片墙”

洛阳水席

洛阳水席是洛阳一带始于唐代的特色传统名宴。“水席”有两个含义：一是全部热菜皆有汤；二是热菜吃完一道，撤下后再上一道，像流水一样不断更新。

少林功夫

少林功夫是中华武术的象征。少林功夫扬名天下始于唐朝初期十三棍僧救唐王，从这之后，少林功夫不断汲取百家之长，发展充实，逐渐形成了拳术、棍术、枪术、刀术、剑术等共 100 多种套路和软硬功夫。

新郑大枣

新郑大枣是郑州市新郑的特产，素有“灵宝苹果潼关梨，新郑小枣甜似蜜”的盛赞。大枣以皮薄、肉厚、核小、味甜受到人们青睐，成为枣类中的佼佼者。

信阳毛尖

信阳毛尖产于信阳大别山区，是中国十大名茶之一，河南省著名特产。其风格独特，颜色鲜润、干净，不含杂质，香气高雅、清新，味道鲜爽、醇香。即使冲泡四五次，茶汤仍能保持长久的熟栗子香。

《清明上河图》

《清明上河图》是由北宋画家张择端绘制的存世精品，生动形象地记录了 12 世纪中国北宋都城东京（今河南开封）的城市面貌和当时社会各阶层人民的生活状况。现存于北京故宫博物院。

豫剧

豫剧起源于河南，是中国第一大地方剧种。因为音乐伴奏用枣木梆子打拍，所以早期得名河南梆子。豫剧唱腔铿锵大气、抑扬有度、行腔酣畅、吐字清晰、韵味醇美，善于表达人物内心情感。

河南烩面

河南烩面是一种集荤、素、汤、饭于一体的传统风味小吃。烩面的精华全在于汤。下面时，锅内放原汁肉汤，将面拉成薄条入锅。上桌时，外带香菜、辣椒油等，其味道鲜美，经济实惠。

“我的问题墙”

河南为什么简称“豫”？

据说，古时候，河南的气候比现在温暖得多，当时黄河中下游地区河流纵横，森林茂密，野象众多，河南就被形象地描述为人牵象之地，这就是象形字“豫”的起源，也是河南简称“豫”的由来。

为什么少林寺的和尚都姓释？

佛教传入中国后，僧人出家后的名字还没有正式的统一规定。到了东晋的道安法师时，开始统一，所有的汉地出家人都统一姓“释”。“释”就是佛教始祖释迦牟尼的简称，是佛陀的姓氏，因此在法号前加个“释”字，就表示继承着释迦牟尼的道统，是佛教正统精神的传承者。

洛阳白马寺因何得名？

相传东汉明帝刘庄梦见一位满身金光的神仙在宫殿上空盘旋。第二天，他把这个梦告诉群臣，太史告诉汉明帝，他梦见的是佛，于是汉明帝便派人前往西域求佛法。永平十年（67 年），汉使和梵僧以白马驮载佛经佛像返回洛阳。汉明帝命令在首都洛阳建造了中国第一座佛寺，以安置德高望重的印度名僧，储藏使臣带回来的佛像和经文，这就是今天的白马寺。

为什么说洛阳牡丹甲天下？

牡丹是中国的名花之一，花朵硕大，雍容华贵，素有“花王”之称，在中国大约有 1 500 年的栽培历史。自唐代以来，牡丹之盛，莫过于洛阳，洛阳牡丹品种繁多，花色奇丽，名扬四海，因此有“洛阳牡丹甲天下”之誉。

Shaanxi
出发，陕西省

陕西

我的名片

简称：陕或秦

省会：西安

面积：20.56 万平方千米

常住人口：3 864 万（2018 年）

著名景点：秦始皇兵马俑、大雁塔、华山等

特产：大红袍花椒、米脂小米等

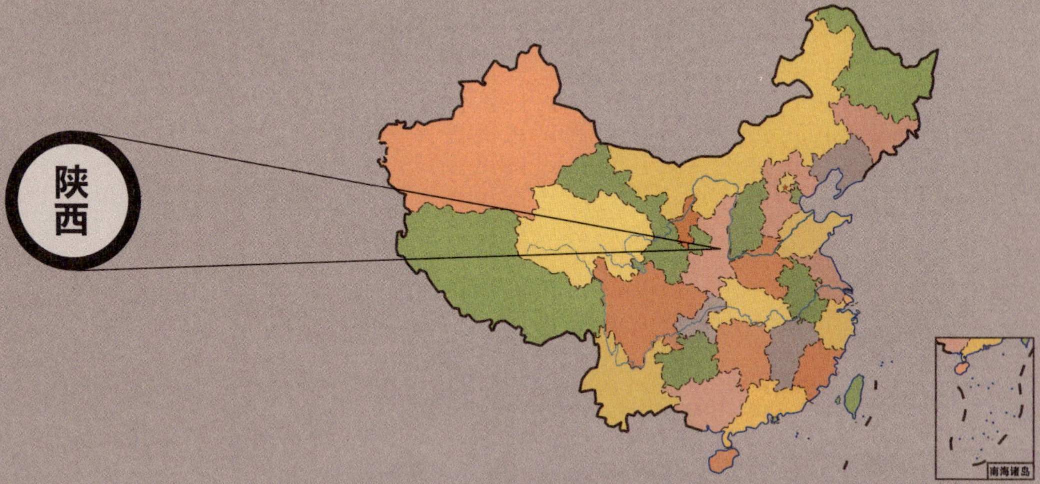

陕西
窑洞
延安市
大雁塔
华山
华阴市
西安市
秦始皇陵兵马俑
肉夹馍
N
W
E
S

“我的照片墙”

白羊肚毛巾

白羊肚毛巾是陕北服饰中最具特点的物品。春秋季节，把毛巾缠在头上能遮挡风沙尘土；冬天，毛巾可以用来御寒；在炎热的夏季，毛巾可以用来防晒，而且在擦洗时也可以派上用场。

安塞腰鼓

安塞腰鼓是陕北独特的民间大型舞蹈艺术形式。表演可由几人或上千人一同进行，气势磅礴，刚柔并济，屈伸自如，精湛的表现力令人陶醉，安塞腰鼓被称为“天下第一鼓”。

大雁塔

大雁塔位于西安市南的慈恩寺内，又称“慈恩寺塔”。唐永徽三年（652 年），高僧玄奘为保存从天竺带回长安的经卷佛像，主持修建了大雁塔。大雁塔是现存最早、规模最大的唐代四方楼阁式砖塔。

半坡遗址文化

半坡遗址位于西安东郊灞桥区浐河东岸，属新石器时代仰韶文化，距今 6 000 年以上。半坡人过着以农业为主的经济生活，兼有狩猎和采集活动。半坡遗址是黄河流域规模最大、保存最完整的原始社会母系氏族村落遗址。

肉夹馍

肉夹馍是古汉语“肉夹于馍”的简称，是陕西省传统特色食物之一，以陕西地区的“腊汁肉夹馍”最为著名。腊汁肉以猪肉为原料，色亮红润，软烂醇香，肥肉不腻，瘦肉不柴，入口即化，配上热馍夹着吃，美味无穷。

秦始皇陵兵马俑

秦始皇陵背靠骊山，面朝渭水。兵马俑坑是秦始皇陵的陪葬坑，位于陵园东侧约 1 500 米处，是著名的“世界第八大奇迹”。兵马俑是泥塑之后再烧制而成的，硬度很高。

“我的问题墙”

为什么说延安是中国革命圣地？

两万五千里长征以毛主席和党中央率领工农红军到达陕北而胜利结束，在这里，毛主席、党中央领导全党、全国人民进行了抗日战争和解放战争，并取得了胜利。因此，延安是中国革命的圣地。

秦始皇陵为什么没有被盗？

从近年来的考古发掘来看，秦始皇陵没有受到人为破坏的迹象，也就是说，秦始皇陵没被盗。其原因可能在于秦始皇陵地宫特别深，又用铜汁浇筑，墓中还有无数暗弩、陷阱、水银等，这些都让盗墓贼望而却步，所以秦始皇陵才能安然保存到现在。

为什么“自古华山一条道”？

华山位于华阴市，在秦岭北坡的黄甫峪与仙峪之间的分水岭上，东西两侧受流水深切，谷底至峰顶高差达千米左右，谷坡陡峭，上部多为高大悬崖，崖壁裸露光滑，登山者无立足之地。只有山顶峰与北峰之间存在一条相对完整的山岭——苍龙岭，因此人们便在上面开凿了一条险道。

窑洞里为什么冬暖夏凉？

窑洞里冬暖夏凉，是因为窑洞的保温作用好。陕北的窑洞顶特别厚，上面可以行人、走马，甚至可以走载重大车，即便是砖窑、土窑，顶上也要覆盖一层厚厚的土，这样使得窑洞既能保温又能隔热，犹如在洞内安装了空调一样。

Ningxia Hui Autonomous Region

出发，宁夏回族自治区

宁夏

我的名片

简称：宁

首府：银川

面积：6.64 万平方千米

常住人口：688 万（2018 年）

著名景点：西夏王陵、沙湖等

特产：枸杞、滩羊裘皮等

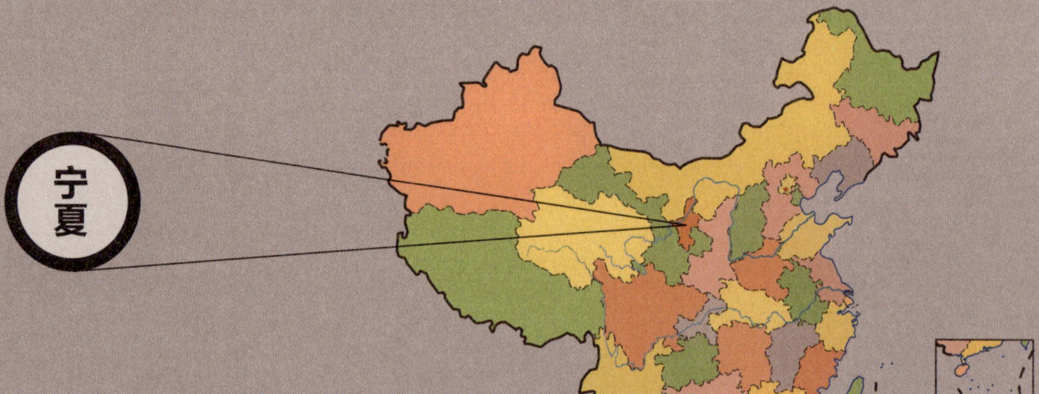

宁夏

“我的照片墙”

西夏王陵

西夏王陵位于银川市西，西傍贺兰山，东临银川平原，是中国现存规模最大、地面遗址最完整的帝王陵园之一，有“东方金字塔”之称。其中，西夏开国皇帝李元昊的“泰陵”是占地面积最大和保存最好的。

滩羊裘皮

滩羊裘皮是宁夏特产毛皮，是用出生 30 天左右的滩羊羔的皮精心加工而成。滩羊裘皮毛长 2 寸左右，毛色洁白，质地细润，轻柔暖和，在古代就被誉为“千金裘”。

枸杞

枸杞是宁夏五宝之首的“红宝”，是一种名贵中药，营养十分丰富。宁夏是枸杞的主产区，以皮薄、肉厚、籽少，品质优良驰名中外。中宁县是枸杞的正宗原产地，有“天下枸杞出宁夏，中宁枸杞甲天下”的美誉。

同心清真大寺

同心清真大寺位于吴忠市同心县豫海镇境内，始建于明初，是宁夏现存历史最久、规模最大的一座伊斯兰教建筑。寺院融中国传统木构建筑艺术和伊斯兰木刻砖雕装修艺术为一体，装饰精致，庄重朴素。

贺兰石

贺兰石产于贺兰山 2600 米左右的悬崖上，是宁夏五宝之一的“蓝宝”。贺兰石形成于 13 亿年前，质地均匀细密，绿紫两色天然交错，是一种难得的雕刻石料。

手抓羊肉

手抓羊肉是生活在中国西北的蒙古、藏、回、维吾尔等民族喜爱的传统食物，吃法有三种，即热吃（切片后上笼蒸热蘸三合油）、冷吃（切片后直接蘸精盐）、煎吃（用平底锅煎热，边煎边吃）。

油香

油香俗称油饼，是回族人民的传统食品，每逢开斋节、古尔邦节、圣纪节，家家都要煎炸油香。以面粉、盐、碱、植物油为主要原料，以红糖、鸡蛋、蜂蜜、香豆粉、薄荷叶粉、肉馅等为辅料，做成普通油香、糖油香或肉油香。

“我的问题墙”

为什么宁夏的枸杞品质好?

宁夏光照充足，有效积温高，昼夜温差大，发源于六盘山的河流与黄河交汇处，土壤矿物质含量丰富，腐殖质多，熟化度高，灌溉便利，水质独特，为枸杞生长提供了最优越的自然环境，从而使宁夏成为中国枸杞的发源地，成为“世界枸杞之乡”。

宁夏平原为什么被称为“塞上江南”?

黄河穿越宁夏中北部地区，向北流淌，在宁夏境内总流程达 397 千米。由于有黄河水，因此这里灌溉农业发达。勤劳的宁夏人民使宁夏平原成为沟渠纵横、稻香鱼肥、瓜果飘香之地，因此宁夏平原自古就有“塞上江南”的美誉。

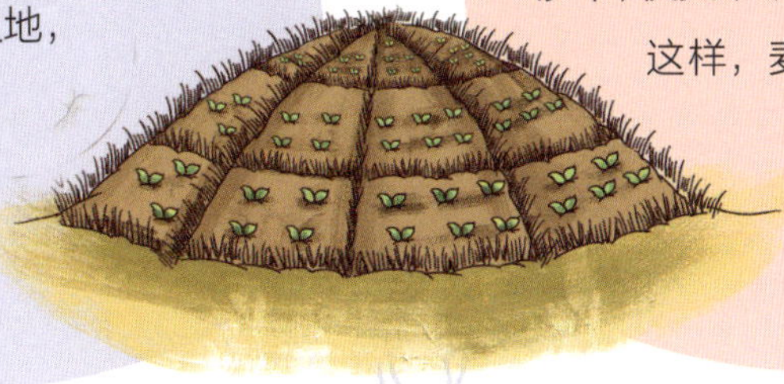

沙坡头是怎么治沙的?

沙坡头的人们发明了一种独特的治沙技术——麦草方格技术，结束了长久以来“沙逼人退”的困局。所谓麦草方格，就是把废弃的麦草一束束呈方格状铺在沙面上，再用铁锹轧进沙中，使麦草牢固地竖立在沙地上。这样，麦草可以阻挡沙子对方格内的入侵，保证方格内的植物顺利生长。

Gansu
出发，甘肃省

甘肃

我的名片

简称：甘或陇

省会：兰州

面积：42.59 万平方千米

常住人口：2 637 万（2018 年）

著名景点：敦煌莫高窟、鸣沙山等

特产：苦水玫瑰、洮砚等

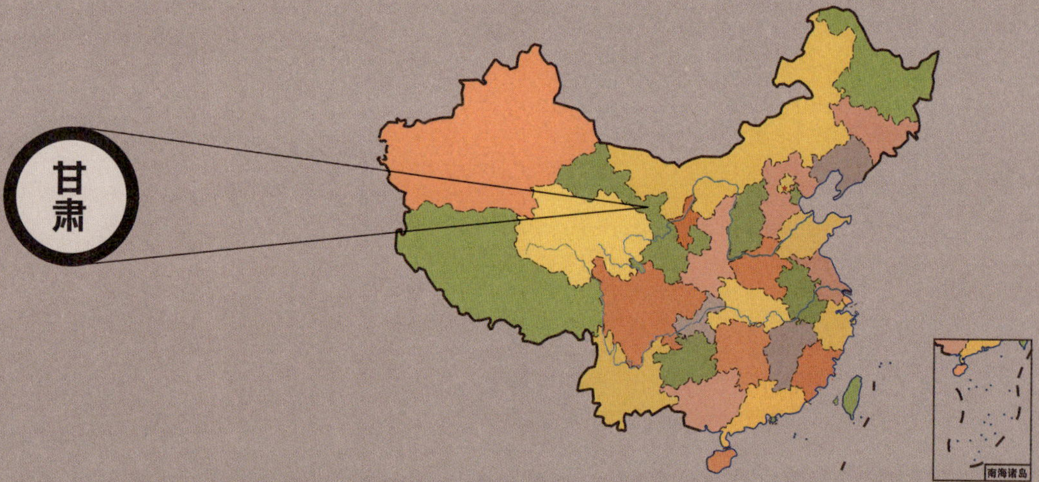

甘肃

“我的照片墙”

保安族腰刀

保安族腰刀主要产于甘肃省积石山保安族东乡族撒拉族自治县大河家镇、刘集乡及周边地区，是保安族传统的手工艺制品。腰刀选用优质钢材，用传统的锻打与淬火法精心打造磨制而成，其造型优美，线条明快，装潢考究，工艺精湛。

兰州牛肉拉面

兰州牛肉拉面是兰州地区的风味小吃，被誉为“中华第一面”。兰州牛肉拉面以一清(汤清)、二白(萝卜白)、三红（辣椒油红）、四绿（香菜、蒜苗绿）、五黄（面条黄亮）为特色，赢得了国内乃至全世界顾客的好评。

洮砚

洮砚产于甘肃省甘南州卓尼县洮砚乡，与广东端砚、安徽歙砚、澄泥砚齐名，并称中国四大名砚。洮砚以其石色碧绿，质坚而细，晶莹如玉，扣之无声，呵之可出水珠，发墨快而不损毫，储墨久而不干涸的特点名扬天下。

黄河母亲雕塑

黄河母亲雕塑位于兰州市七里河区黄河南岸的滨河路中段，由雕塑家何鄂创作。雕塑长6米，宽2.2米，高2.6米，总重40余吨，由“母亲”和一“男婴”组成，分别象征着哺育中华民族生生不息、不屈不挠的黄河母亲和快乐幸福、茁壮成长的华夏子孙。

苦水玫瑰

苦水玫瑰盛产于被誉为“中国玫瑰第一乡”的兰州市永登县苦水镇，其特点是花繁汁多，清香纯正。其花朵主要应用于化妆品、食品、精细化工等工业领域。

敦煌鸣沙山

敦煌鸣沙山位于敦煌市南城7 000米处，被誉为“塞外风光之一绝”。鸣沙山山峰陡峭，山体由细沙聚积而成，沙粒有红、黄、蓝、白、黑五种颜色。人如果从山顶向下滑，脚下的沙子会鸣鸣作响。白天人们爬沙山留下的脚印，第二天会痕迹全无。

“我的问题墙”

为什么说敦煌莫高窟是一座艺术宝库？

敦煌莫高窟位于敦煌市，至今仍保存洞窟735个，彩塑2 400余尊，珍存壁画45 000平方米。壁画内容描绘了人们生产活动的场面，还保留了大量古建筑形象和各种装饰图案等，是目前世界上规模最大、内容最丰富的佛教艺术地，所以说莫高窟是一座艺术宝库。

天水是怎么得名的？

相传在西汉汉武帝时，一天半夜，天上突然响起了雷声，大地也裂开了一个口子，同时天上倒下一股水，注入裂开的地下，形成了一个大大的湖。人们认为这是神灵的威力，便把那片湖称为“天水井”。后来，西汉汉武帝便在湖边筑起一座城池，取名为“天水郡”。

鸣沙山的沙子为什么会响？

对于鸣沙山沙子的鸣响之谜，目前主要有三种解释：

1. 沙粒互相摩擦而产生静电，静电放电即发出声响。

2. 天气炎热时，沙粒特别干燥而且温度增高，稍有摩擦即可发出爆裂声。

3. 共鸣放大。沙山群峰之间形成了壑谷，是天然的共鸣箱。

甘肃酒泉因何得名？

相传西汉时，霍去病大败匈奴后，军队在酒泉驻扎。这里当时有一眼清泉，叫“金泉”。汉武帝为了表彰霍去病的战功，便赏赐他几坛御酒。霍去病为了让将士们共尝美酒，便下令将御酒倒入金泉之中，让三军畅饮。从此，金泉泉水便带有浓郁的酒香，金泉也因此被改名为“酒泉”，酒泉城也因此而得名。

Xinjiang Uygur Autonomous Region

出发，新疆维吾尔自治区

新疆

我的名片

简称：新

首府：乌鲁木齐

面积：166 万平方千米

常住人口：2 487 万（2018 年）

著名景点：天山、魔鬼城等

特产：葡萄干、哈密瓜、香梨等

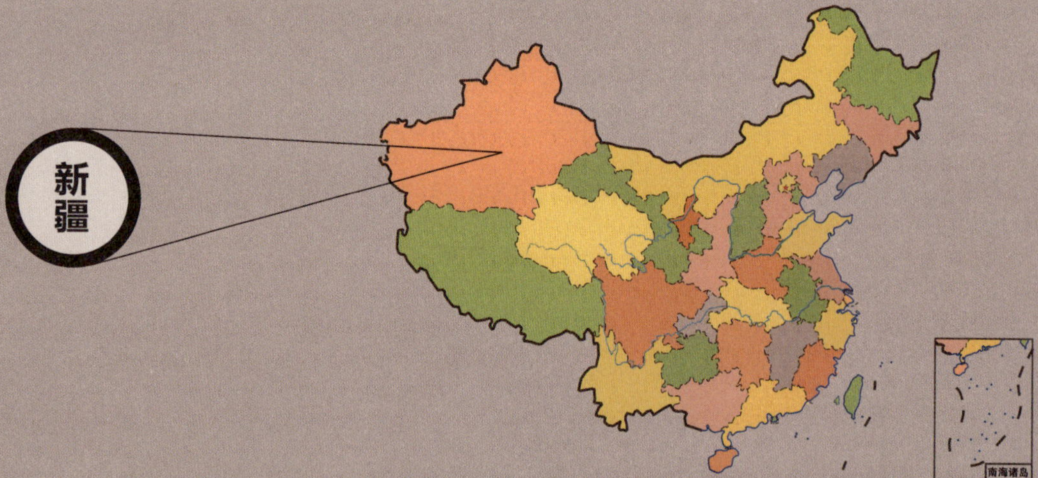

魔鬼城
乌鲁木齐市
香梨
葡萄干
葡萄
哈密瓜
N
W
E
S

“我的照片墙”

胡杨

胡杨主要分布在新疆塔里木河流域，维吾尔族人民称它为“最美丽的树”。胡杨树高15～30米，开紫红色披针形花，果呈长椭圆形，能够适应荒漠中干旱、多变的恶劣气候，对盐碱地有很强的适应能力。

哈密瓜

哈密瓜又名雪瓜、贡瓜，是一种优良的甜瓜，呈圆形或卵圆形。此瓜以哈密所产最为著名，所以被称为哈密瓜。哈密瓜有“瓜中之王”的美称，其含糖量在15%左右，有的有奶油味，有的含柠檬香，但都甘甜如蜜，奇香袭人。

葡萄干

新疆吐鲁番是葡萄的重要生产基地，这里出产的葡萄干也名扬四海。葡萄干的制作方法是将葡萄在阳光下直接暴晒，或在荫房中晾制。其中，用无核白鲜葡萄晾制的葡萄干，含糖量高达60%，被人们视为葡萄干中的珍品。

古尔邦节

伊斯兰教历的12月10日是信仰伊斯兰教民族的盛大传统节日——古尔邦节。在这天，穆斯林们聚集在大清真寺或公共场所，举行盛大的仪式和庆祝活动。

火焰山

火焰山古称赤石山，位于吐鲁番盆地的北缘。山长100多千米，呈东西走向。夏季，赤褐色的山体在烈日照射下，炽热的气流翻滚上升，就像烈焰熊熊，火舌撩天，故得名火焰山。

香梨

库尔勒香梨被誉为“梨中珍品”，其个头较小，表皮略带红色，果味香浓，清甜多汁。库尔勒香梨极耐贮藏。果农采收后，放到第二年春，香梨会变得更加金黄诱人，香气浓郁。

拉条子

拉条子是新疆拌面的俗称。在制作时，不用擀、压的方法，直接用手拉制成，然后加入各种蔬菜和牛羊肉，是新疆各族人民都很喜欢的一种大众面食。

“我的问题墙”

新疆人为什么要挖坎儿井？

吐鲁番盆地北部的博格达山和西部的喀拉乌成山，在春夏时节有大量积雪融水和雨水流下山谷，潜入戈壁滩下。于是，人们利用山的坡度，巧妙地创造了坎儿井，引地下潜流灌溉农田。坎儿井流量稳定，保证了自流灌溉。

坎儿井示意图

为什么说新疆地形是“三山夹两盆”？

新疆的地形特点是山脉与盆地相间排列，其北部是阿尔泰山，南部是昆仑山，天山横亘于中部，把新疆分为南北两半，南部是塔里木盆地，北部是准噶尔盆地。所以，人们习惯将天山以南部分称为南疆，将天山以北部分称为北疆。

为什么新疆的房子大多是平顶的？

房屋的屋顶被设计成倾斜的，是为了便于排水。可是新疆降水比较少，气候比较干燥，所以房屋的屋顶没有必要设计成倾斜的。而且平顶房还可以利用房顶的空间晾晒粮食，如玉米、小麦等。

吐鲁番的葡萄为什么那么甜？

1. 吐鲁番所处的纬度比较高，夏季日照时间长。

2. 吐鲁番地区多沙漠和沙地，植被少，地温很高，光照强，再加上当地雨水少，葡萄的光合作用强烈，昼夜温差大，有利于糖分积累。

有了上述原因，吐鲁番的葡萄便特别甜了。

【特别的我】

① 我是谁

我是**乌尔禾魔鬼城**，位于新疆准噶尔盆地西北边缘，在我的西南方 100 千米的地方，就是克拉玛依市。

② 魔鬼城是谁建造的

其实，我并不是一座真的城，也不是由人工建造的。如果硬要说是**谁建造了我**，那就是**大自然**。这里，气候干燥，又常年刮大风，风把地面的沙子卷起来，不断磨蚀岩石，最后便将岩石磨蚀成了各种形状。

③ 我的指数：★★★★

在我这里，有许多错落有致、奇形怪状的**砂岩**，它们有的像山，有的像城堡，有的像动物，有的像宝刹……月黑风高之夜，**狂风**在这里**激荡回旋**，如同魔鬼号叫，因此当地人都说我是“魔鬼出没的地方”。

④ 我的秘密

在我这里，遍地都是**色彩斑斓的卵石**，有晶莹的玛瑙、美丽的戈壁玉等，都是很有观赏和收藏价值的。

出版策划：张焱宏
美术编辑：周邦雄
装帧设计：木　木
　　　　　桃　子
特邀审校：段桂华
　　　　　杨　凡

第3卷

地图里的中国

带着问题去旅行

斯塔熊文化　编绘

山东友谊出版社

图书在版编目（CIP）数据

地图里的中国：带着问题去旅行 / 斯塔熊文化编绘.
--济南：山东友谊出版社，2020.1

ISBN 978-7-5516-1925-7

Ⅰ.①地… Ⅱ.①斯… Ⅲ.①地理－中国－问题解答
Ⅳ.①K92-44

中国版本图书馆CIP数据核字（2019）第159308号

地图里的中国：
带着问题去旅行
DITU LI DE ZHONGGUO：DAI ZHE WENTI QU LVXING

制　　作　墨明青简
责任编辑　肖　杉
主管单位　山东出版传媒股份有限公司
出版发行　山东友谊出版社
地　　址　济南市英雄山路189号　　邮政编码　250002
电　　话　出版管理部（0531）82098756
　　　　　市场营销部（0531）82098035（传真）
印　　刷　鹤山雅图仕印刷有限公司
开　　本　720mm×1000mm　1/12
字　　数　150千字
印　　张　15
版　　次　2020年1月第1版
印　　次　2020年1月第1次印刷
审 图 号　GS（2019）3626号
定　　价　108.00元（全5册）

目录

Contents

Shanghai

出发，上海市

上海

我的名片

简称：沪

面积：6 340.5 平方千米

常住人口：2 424 万（2018 年）

著名景点：外滩、豫园等

市花：白玉兰

特产：嘉定白蒜、崇明白山羊等

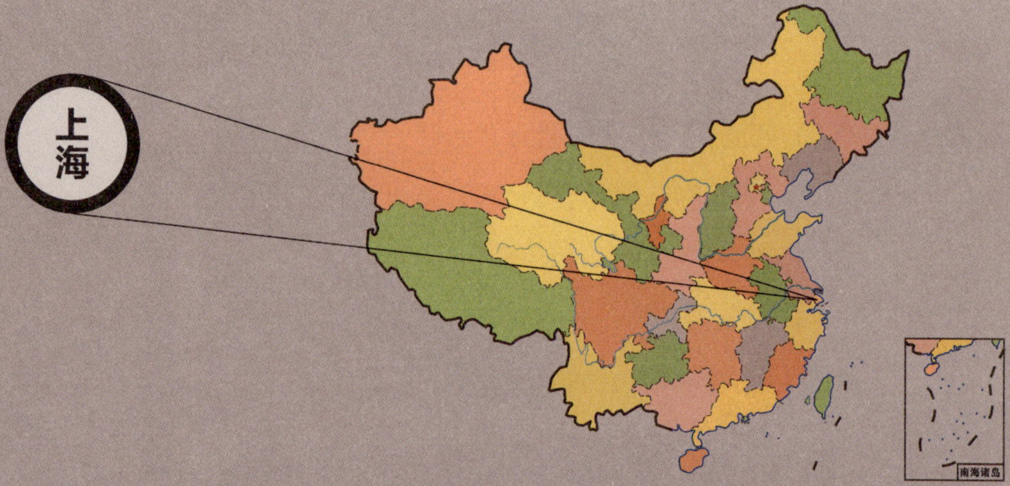

崇明岛
小笼包
嘉定白蒜
上海市
东方明珠塔
迪士尼乐园
白玉兰
N
W
E
S

“我的照片墙”

南京路

南京路是上海最早的一条商业街，有“中华商业第一街”的美称。19 世纪初，它开始兴起，逐渐发展成“十里洋场”。它东起外滩、西到延安西路，横跨静安、黄浦两区，全长 5.5 千米，是上海最繁华的商业街。

迪士尼乐园

上海迪士尼乐园位于上海市浦东新区川沙新镇，于 2016 年 6 月 16 日正式开园，是中国内地首座迪士尼主题乐园。乐园拥有七大主题园区，两座主题酒店，一座地铁站，并有许多全球首发游乐项目。

嘉定白蒜

嘉定白蒜色泽洁白，个头肥大，瓣形粗壮，肉质脆嫩，辣味浓烈，耐久贮藏，既可生食，也可熟食。生食香辣可口，开胃提神。嘉定白蒜不仅有极大的食用价值，而且有杀菌、治病、健身等功效。

上海外滩

外滩从外白渡桥延伸至南浦大桥，全长 1.5 千米，是上海的一张城市名片。外滩西侧矗立着风格迥异的中西建筑，素有“万国建筑博览”之称。

白玉兰

白玉兰又名木兰、玉兰等，是上海市市花，是玉兰花中开白色花的品种。早春，花朵盛开时，花瓣展向四方，白光耀眼，再加上清香阵阵，沁人心脾。

小笼包

南翔小笼包是以皮薄、馅多、卤重、味鲜而闻名的风味小吃。它的馅是用夹心腿肉作成肉酱，仅撒少许姜末和肉皮冻、盐、酱油、糖，和水调制而成，皮用不发酵的精面粉制作，口味独特，深受国内外顾客的欢迎。

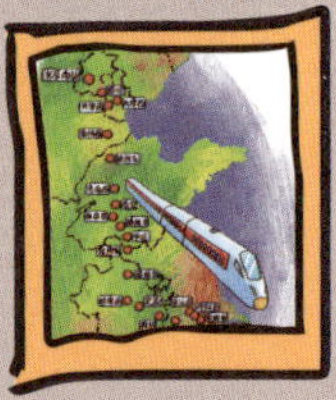

京沪高速铁路

京沪高速铁路是中国第一条具有世界先进水平的高速铁路，线路由北京南站至上海虹桥站，全长 1318 千米，纵贯北京、天津、上海三大直辖市和河北、山东、安徽、江苏四省。2011 年 6 月 30 日，京沪高铁正式通车，全程运行最快时间只需 4 小时 18 分钟。

"我的问题墙"

近代上海为什么被称为"十里洋场"？

"十里洋场"特指旧上海的租界或租界的繁华景象。1845 年开始，各国纷纷在上海建立租界。当时，华人称外国人为"夷人"，称租界为"夷场"。1862 年，政府规定今后不得称外国人为"夷人"，"夷场"也改称为"洋场"。"十里"之名，只是泛指，表示大。

上海为什么又叫"申城"？

战国时期，上海所在的地方是楚国春申君黄歇的封地。当时的黄浦江由于泥沙淤积，河床过高，常常泛滥。黄歇便带领百姓疏通了河道，筑起了堤坝，使这条河造福于百姓。人们为了纪念他，便将这条河改称为春申江，简称申江。后来，人们便以"申"代称上海了。

崇明岛是怎么形成的？

地处长江口门户的崇明岛，面积达 1 269.1 余平方千米，是中国第三大岛，是一个由泥沙堆积而成的冲积岛。千百年来，长江源源不断地流进东海，也带来了无数的泥沙。泥沙入海时，由于受到海水的顶托，便在入海口沉积下来。日积月累，就形成了现在的崇明岛。

上海为什么被誉为"东方明珠"？

上海是全国重要的经济、贸易、金融、航运中心，并带动了长三角的发展。20 世纪 90 年代建成的东方明珠塔是上海的标志性建筑，把上海称为"东方明珠"，既能突出其城市形象，又说明了它的领头羊作用。

Jiangsu

出发，江苏省

江苏

我的名片

简称：苏

省会：南京

面积：10.72 万平方千米

常住人口：8 051 万（2018 年）

著名景点：中山陵、苏州园林等

特产：碧螺春茶、苏绣等

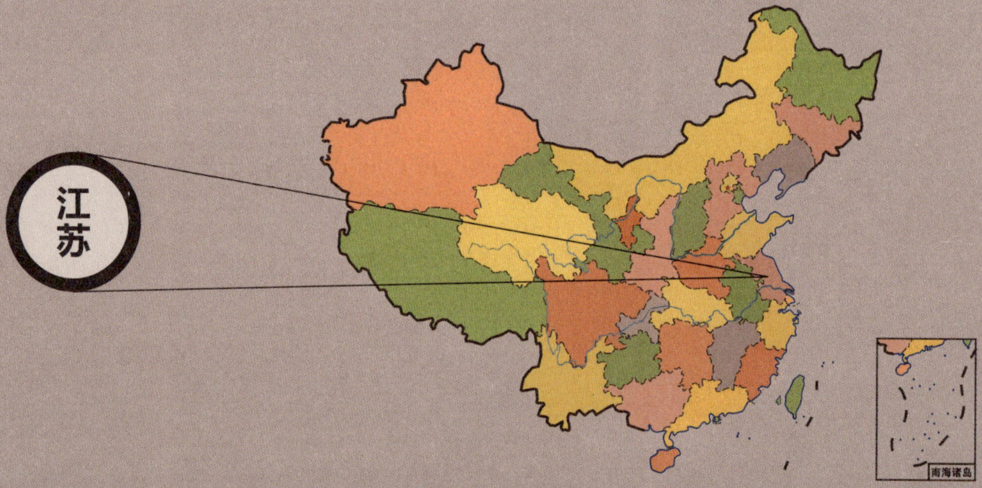

江苏

“我的照片墙”

苏绣

苏绣是苏州地区刺绣产品的总称，为中国四大名绣之一。苏绣具有图案秀丽、构思巧妙、绣工细致、针法活泼、色彩清雅的独特风格。

中山陵

中山陵位于南京市玄武区紫金山南麓钟山风景区内，是中国近代伟大的民主革命先行者孙中山先生的陵寝。中山陵占地 2 000 亩，融汇中国古代建筑与西方建筑之精华，庄严简朴，被誉为“中国近代建筑史上第一陵”。

碧螺春

碧螺春产于苏州太湖洞庭山（今属苏州市吴中区），所以又称“洞庭碧螺春”。碧螺春属于绿茶类，芽多，嫩香，汤清，味醇，是中国的十大名茶之一。

苏州园林

苏州园林始于春秋时期吴国建都姑苏时，到清末已有 170 多处园林，因此，苏州赢得了“园林之城”的称号。狮子林、沧浪亭、拙政园、留园统称“苏州四大名园”，素有“江南园林甲天下，苏州园林甲江南”之誉。

蟹黄汤包

蟹黄汤包是江苏的传统美食，皮薄如纸，吹弹即破。蟹黄汤包的制作原料十分讲究，馅为蟹黄和蟹肉，汤为原味鸡汤，制作工艺精妙绝伦。最出名的是龙袍蟹黄汤包和靖江蟹黄汤包。

昆曲

昆曲以鼓、板控制演唱节奏，以曲笛、三弦等为主要伴奏乐器，曲词典雅，行腔婉转，表演细腻，是戏曲艺术中的珍品，被称为百花园中的一朵“兰花”。代表性剧目有《牡丹亭》《长生殿》《琵琶记》等。

“我的问题墙”

南京在古代为什么叫“金陵”？

公元前333年，楚国灭掉越国。楚威王在“临江控淮”的石头山（今清凉山）建立金陵邑，这便是南京得名“金陵”的由来。不过，另有传说是楚威王受方士妄言蛊惑，为防止日后有人在此称王，在此地埋下金制小人，以镇“王气”，因而称金人陵寝为“金陵”。

南京为什么有很多雨花石？

关于雨花石的成因，说法不一。有人认为，南京的雨花石来自长江上游。2000多万年前，长江上游由于地质活动，形成了各种颜色的岩石。这些岩石后来风化成了小石块，被流水带到了南京。由于南京地势平坦，小石子们便沉积在这里。在河水的冲洗和石子之间的互相碰撞和摩擦下，小石子逐渐变小，棱角也被磨去，成了今天卵形的雨花石。

苏州为什么有“园林之城”的美名？

苏州是中国的历史文化名城，素来以山水秀丽、园林典雅而闻名天下。明清时期，私家园林遍布苏州城内外，最多的时候达170多处，现在保存尚好的还有几十处，因此人们都称苏州是“园林之城”。

历史上扬州为什么会逐渐衰落？

在古代，扬州地处长江与京杭大运河的交界处，长江沟通中国东西，运河沟通中国南北，所以其地理位置优越，一度成为中国最繁荣的城市。可是后来，京杭大运河不断淤积，无法通航，许多南来北往的船只改为从海上经过，不再通过扬州，于是扬州便逐渐衰落了。

【特别的我】

1 我是谁

我是**阳澄湖大闸蟹**，我们居住在阳澄湖中，那是位于苏州市东北部的一个淡水湖。

2 我为什么名扬四海

我们居住的阳澄湖湖面开阔，水质清澈，水草丰茂，气候宜人，是我们生长的理想之地。所以，我们的**肉质**比其他地方的螃蟹更加**鲜美**。而且，我们阳澄湖大闸蟹**营养丰富**，含有**多种维生素**，对人的身体有很大好处。因此，我们备受世人推崇！

3 我的指数：★★★

阳澄湖水质澄清，物产丰富，盛产**70多种淡水产品**。其中，我们阳澄湖大闸蟹因为肉质肥嫩鲜美，被世人誉为**“蟹中之王”**。

4 我的秘密

我们阳澄湖大闸蟹可以**煮或蒸**，不需要放任何葱姜之类的调味品。在吃的时候，也不需要蘸任何调料，因为我们本身的味道就是**鲜美无比**的。

Zhejiang

出发，浙江省

浙江

我的名片

简称：浙

省会：杭州

面积：10.55 万平方千米

常住人口：5 737 万（2018 年）

著名景点：西湖、乌镇等

特产：西湖龙井、杭州丝绸等

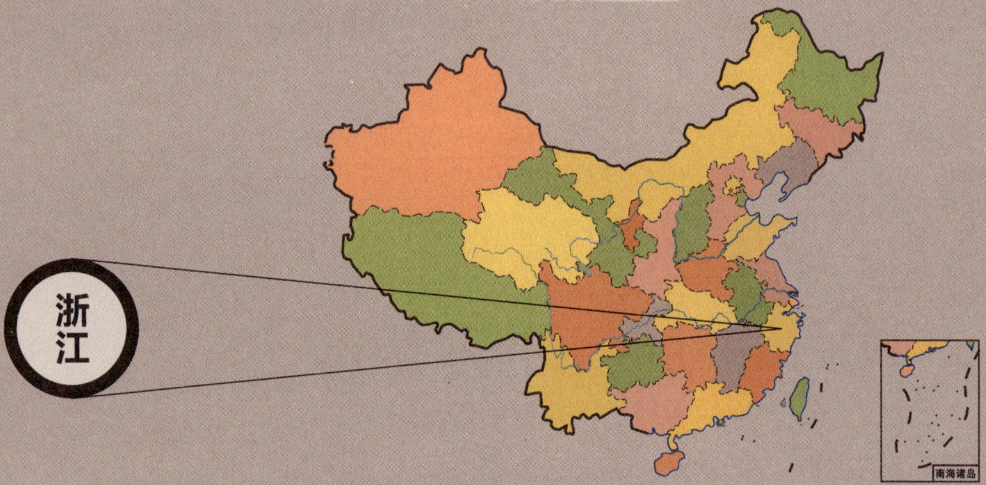

浙江

“我的照片墙”

杭州西湖

西湖位于杭州市西部，面积约6.5平方千米，形成了一山、二塔、三岛、三堤、五湖的格局，是“中国十大风景名胜”之一，2001年被列入《世界遗产名录》。

钱江涌潮

钱江涌潮是由天体引力和地球自转的离心作用，加上杭州湾喇叭口的特殊地形所造成的特大涌潮。每年农历八月十五，钱江涌潮最大，浪潮掀起3～5米高。海潮来时，犹如万马奔腾，声如雷鸣，排山倒海。

西湖龙井

西湖龙井产于杭州西湖的狮峰、龙井、五云山、虎跑一带，是中国第一名茶。龙井茶外形扁平挺秀，颜色翠绿，以“色翠、香郁、味甘、形美”四绝著称。

黄杨木雕

黄杨木雕是浙江地区的民间雕刻艺术之一，以黄杨木为雕刻材料，内容大多表现中国民间神话传说中的人物，如八仙、寿星、关公、弥勒佛、观音等。以其贴近生活的生动造型和刻画人物形神兼备而受到人们的喜爱。

横店影视城

横店影视城位于东阳市，是亚洲最大的影视拍摄基地，被称为“东方好莱坞”。现建成有明清宫苑、秦王宫、屏岩洞府等10余个影视拍摄基地和10余座甲级（电影级）、乙级（电视级）摄影棚。

丝绸

杭州有“丝绸之府”之称，有绸、缎、绫、罗、锦、纺、绒、绉、绡等十几类品种，图案新颖，富丽华贵，质地轻软，色彩绮丽。

绍兴黄酒

绍兴黄酒是中国黄酒的代表，以糯米为原料，经过筛米、浸米、蒸饭、摊冷、落作等步骤制作而成，主要品种有状元红酒、加饭酒、善酿酒、香雪酒四大类型。

我的问题墙

为什么普陀山有“海天佛国”之称？

普陀山位于舟山市，是一个面积只有 12.5 平方千米的小岛，秀丽的海岛风光使它赢得了“海山第一”和“海上仙山”的赞誉。唐宋以来“观音显圣”的种种神话传说与历代帝王的奖掖封赐，又使它成为一个香火鼎盛的观音菩萨道场，从而获得“海天佛国”的雅称。

西湖的断桥是怎么得名的？

杭州的西湖中有一座断桥，其得名的原因有好几种说法：一种是说孤山之路到此而断。另一种说法是这个桥本叫段家桥，简称段桥，谐音为断桥。还有一种说法是大雪初停时，登上宝石山往南看，白堤雪白一片犹如白练。日出后，断桥向阳面积雪融化，露出褐色的桥面，好像白练到此中断了，因此叫断桥。

苏堤是怎么来的？

苏堤旧称苏公堤，是一条贯穿西湖南北风景区的林荫大堤，南起南屏山麓，北到栖霞岭下，全长 2 797 米，堤宽 30 ~ 40 米。苏公就是苏轼，他担任杭州知府时，疏浚西湖，取湖中淤泥葑草堆筑成这条堤坝。后人为了纪念苏轼治理西湖的功绩，便将它命名为苏堤。

舟山群岛为什么被称为“祖国的鱼仓”？

舟山渔场是中国最大的渔场，渔场面积占了整个海域面积的四分之三，自古以来因渔业资源丰富而闻名。这里盛产大黄鱼、小黄鱼、带鱼和墨鱼，每年捕捞上来的鲜鱼量相当于全国捕鱼量的四分之一。所以，舟山群岛被誉为“祖国的鱼仓”。

Anhui

出发，安徽省

安徽

我的名片

简称：皖

省会：合肥

面积：14.01 万平方千米

常住人口：6 324 万（2018 年）

著名景点：黄山、九华山等

特产：黄山毛峰、宣纸、徽墨等

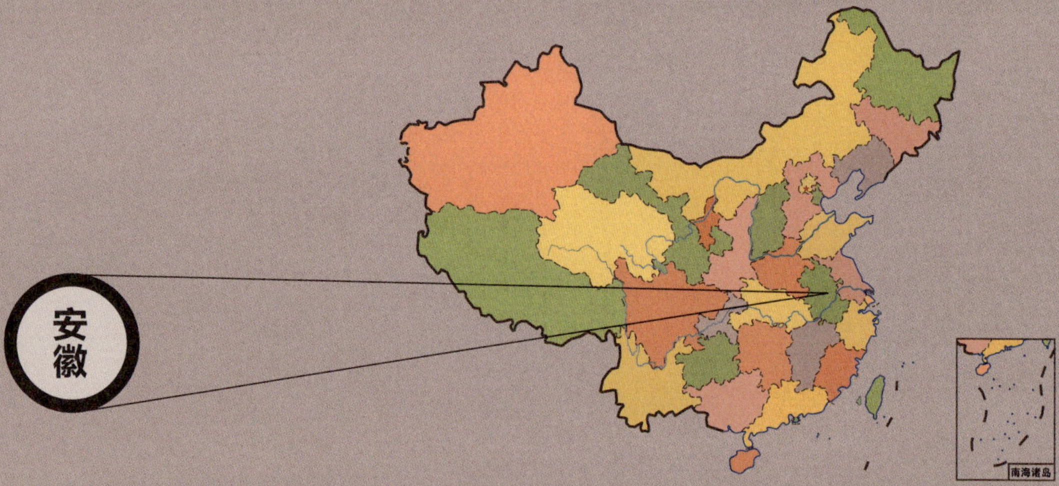

淮北市
徽墨
徽墨
淮南市
合肥市
马鞍山市
九华山
宣纸
黄山
黄山市
黄山毛峰
N
W
E
S

“我的照片墙”

黄梅戏

黄梅戏是安徽主要的地方戏，源于湖北、安徽、江西三省交界处黄梅一带的采茶调。唱腔淳朴流畅，明快抒情，表演质朴细致，真实活泼。以《天仙配》《女驸马》《牛郎织女》等剧目最具代表性。

黄山毛峰

黄山毛峰产于安徽省黄山一带，是中国十大名茶之一。由于新茶白毫披身，芽尖峰芒，且产自黄山高峰，因此得名。入杯冲泡汤色清碧微黄，叶底黄绿有活力，香气如兰，韵味深长。

九华山

九华山位于池州市境内，是中国佛教四大名山之一，享有“莲花佛国”“佛国仙城”“东南第一山”的美誉，有九十九座山峰，还有众多的溪流、瀑布、幽洞、奇松、怪石等。

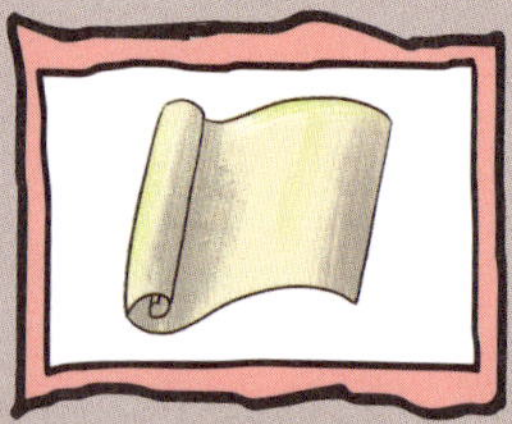

宣纸

安徽省泾县是宣纸发祥地，也是宣纸的正宗产地。采用皖南山区特产的青檀树皮，配上部分稻草，经过十八道工序，一百多道操作过程，历时一年多才能制成宣纸。由于宣纸有易于保存、经久不脆、不会褪色等特点，所以有“千年寿纸”的美誉。

灵璧石

灵璧石产于宿州灵璧县，并因此得名。灵璧石分为磬石、五彩石、透花石、图纹石等，石质细腻润滑，叩击时其声悦耳动听，位列中国四大名石之首，被誉为“天下第一石”。

徽墨

徽墨因产于古徽州府而得名，是闻名中外的“文房四宝”之一，以松烟、桐油烟、漆烟、胶为主要原料制作而成。它素有拈来轻、磨来清、嗅来馨、坚如玉、研无声、一点如漆、万载存真的美誉。

“我的问题墙”

黄梅戏是起源于安徽吗？

许多人认为，黄梅戏的发源地是安徽，这是不确切的。黄梅戏旧称“黄梅调”，起源于湖北、安徽、江西三省交界地区，后来传到安徽安庆地区，并在这里发展繁荣。

黄山为什么被称为“天下第一奇山”？

黄山位于黄山市，它拥有如泰山一样的雄伟，如华山一样的险峻，如衡山一样的烟云，如庐山一样的飞瀑，如雁荡山一样的巧石，如峨眉山一样的清凉，可以说是集天下奇景于一体。

黄山无峰不石，无石不松，无松不奇，以奇松、怪石、云海、温泉、冬雪五绝著称于世，所以人们称它为“天下第一奇山”。

淮北的橘树为什么只能结出枳？

橘树在淮南结出的橘子又大又甜，在淮北却只能结出又小又苦的枳，其原因是淮河是中国 1 月份 0℃等温线通过的地方。淮河以北 1 月平均气温低于 0℃，淮河以南 1 月平均气温高于 0℃，橘树到了淮北，气候不适宜其生长，结出的就是又苦又小的枳。

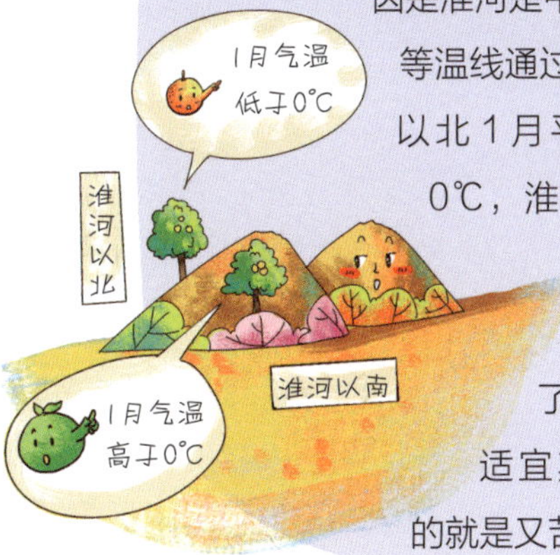

马鞍山是怎么得名的？

相传楚汉战争时，楚霸王项羽兵败退至长江边，自觉“无颜见江东父老”，便让江边的船夫将他心爱的坐骑乌骓马渡至对岸，自己在江边自刎而亡。乌骓马过了长江以后，见主人未到，就长卧江边不起，最后死去，马鞍落地化为一座山，马鞍山由此而得名。

Jiangxi

出发，江西省

江西

我的名片

简称：赣

省会：南昌

面积：16.69 万平方千米

常住人口：4 648 万（2018 年）

著名景点：庐山、井冈山等

特产：景德镇瓷器、赣州脐橙等

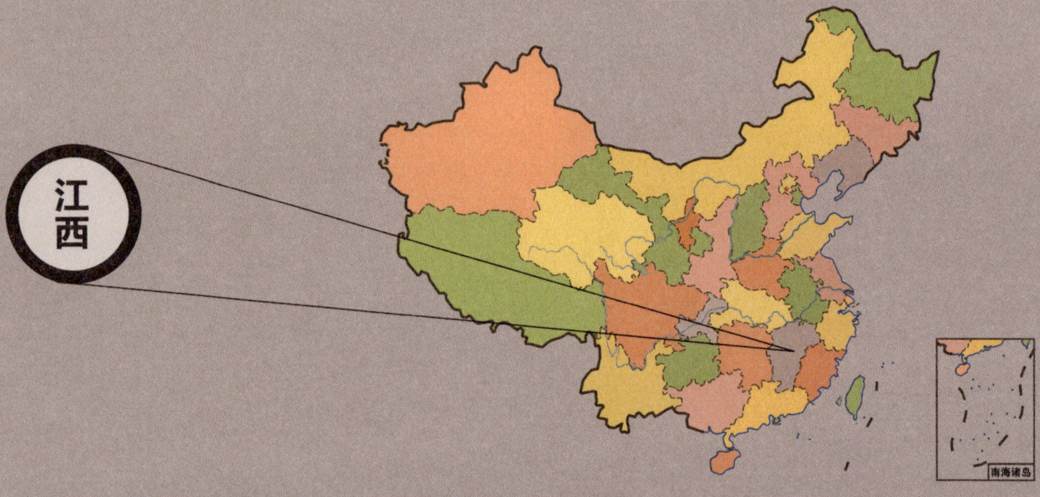

江西

“我的照片墙”

滕王阁

滕王阁位于南昌市区西北部沿江路赣江东岸，始建于唐永徽四年（653 年），是江南的三大名楼之一，有“西江第一楼”的美誉。

三杯鸡

三杯鸡是江西宁都的传统名菜，已经有数百年的制作历史，以其肉质酥嫩、原汁原味、浓香诱人、味道醇厚而闻名于世。三杯鸡得名于其制作方法，烹制时仅用米酒一杯、猪油一杯、酱油一杯。

赣州脐橙

赣州土壤肥沃，气候温和，雨量充沛，光照充足，昼夜温差大，而且无霜期长。这里生产的脐橙果大形正，橙红鲜艳，光洁美观，肉质脆嫩，浓甜芳香，果汁含量达 55% 以上。

书院文化

据资料统计，散布在江西的古代书院有三千余所，约占全国古代书院的三分之一。江西书院起步早，数量多，影响大。朱熹、王阳明等饱学之士均在这里讲过学，这里培养了许多历史上赫赫有名的人物。

南丰傩舞

傩是中国古老的精神逐鬼、祈福免灾的文化现象。南丰傩舞是沿袭古代驱鬼逐疫的仪式“驱傩”演化而来的舞蹈，风格粗犷豪放，古老稚拙，被誉为“中国古代舞蹈的活化石”。

兴国灰鹅

兴国是中国“灰鹅之乡”。兴国灰鹅被视为家鹅中的珍品，其个体适中，生长快，产肉多，味道鲜，是难得的绿色农产品。

“我的问题墙”

景德镇为什么被称为“瓷都”？

景德镇制造的瓷器数量大，品种多，质量高，销路广，并以“白如玉、薄如纸、明如镜、声如磬”而闻名海内外，受到世人欢迎，因此景德镇便被世人赞誉为“瓷都”。

为什么难识庐山真面目？

庐山位于九江市，耸立在鄱阳湖平原上，被长江以及鄱阳湖包围着。广阔的水面使得这里水蒸气充足。这些水蒸气沿着庐山山坡爬升，随着气温降低，凝结成无数小水滴，漂浮在低处成雾，上升到高空为云。所以，山上总是云雾弥漫，难见庐山真容。

为什么说井冈山是“中国革命的摇篮”？

1927 年 10 月，毛泽东率领秋收起义部队来到井冈山，创建了中国第一个农村革命根据地，开辟了“以农村包围城市、武装夺取政权”的具有中国特色的革命道路。因此，井冈山被载入中国革命史册，被誉为“中国革命的摇篮”和“中华人民共和国的奠基石”。

Hubei

出发，湖北省

湖北

我的名片

简称：鄂

省会：武汉

面积：18.59 万平方千米

常住人口：5 917 万（2018 年）

著名景点：黄鹤楼、武当山等

特产：武昌鱼、孝感米酒等

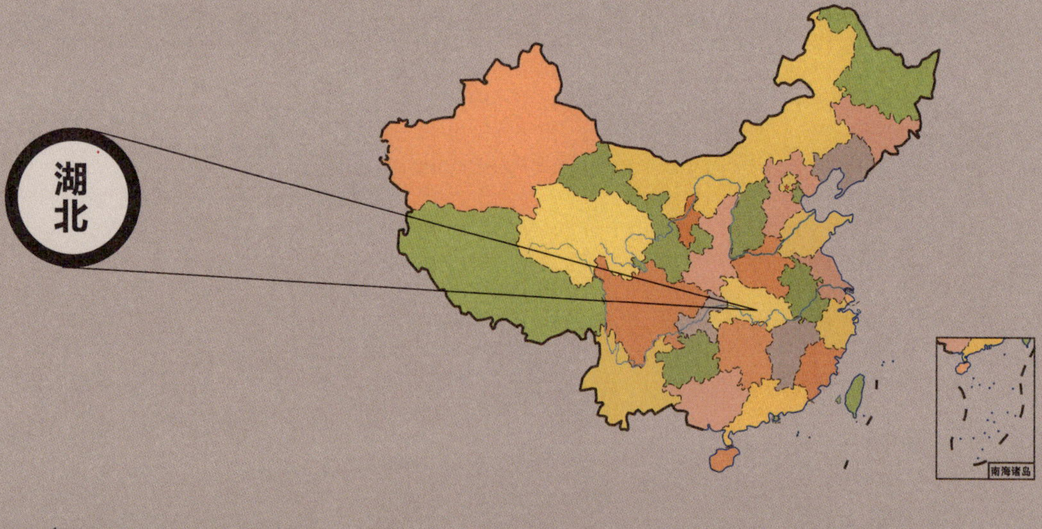

湖北

“我的照片墙”

武昌鱼

武昌鱼主产于长江中下游，以湖北最多。武昌鱼肉质嫩滑，味道鲜美，含有丰富的蛋白质和脂肪，是中国主要的淡水养殖鱼类之一。

孝感米酒

孝感米酒是湖北省孝感市传统的风味小吃，它以孝感出产的优质糯米为原料，以凤窝酒曲发酵酿制而成。孝感米酒白如玉液，清香袭人，甜润爽口，食后生津暖胃，令人回味。

热干面

热干面是武汉十分有特色的小吃。面条纤细有筋力，色泽黄而油润，搅拌上香油、芝麻酱、五香酱菜等配料，味道十分鲜美。

三峡水电站

三峡水电站是世界上规模最大的水电站，大坝位于宜昌市三斗坪镇，并和下游的葛洲坝水电站构成梯级电站。三峡水电开发是中国可持续发展，尤其是清洁能源开发的一个重要里程碑。

武汉长江大桥

武汉长江大桥位于武汉市武昌蛇山和汉阳龟山之间的江面上，全长 1 670 米，是万里长江上的第一座大桥，也是新中国成立后在长江上修建的第一座公铁两用大桥，被称为“万里长江第一桥”。

武当山

武当山位于湖北省西北部的十堰市丹江口境内，是道教圣地和武当拳的发源地，被誉为“亘古无双胜境，天下第一仙山”。

九头鸟

俗语说“天上九头鸟，地上湖北佬”。“九头鸟”是从楚人所崇拜的凤凰形象中脱胎而来的，是一个半人半鸟的图腾形象。明代以后，人们把它和湖北人联系起来，用来象征湖北人的智慧和坚强。

“我的问题墙”

湖北为什么被称为“千湖之省”？

湖北之所以被称为“千湖之省”，是因为面积在百亩以上的湖泊有800多个，是中国湖泊最多的省，湖泊总面积近3 000平方千米。这些湖泊不但可以调节长江水量，也是淡水养殖的重要基地。

孝感是怎么得名的？

在南朝时，孝感因“孝子昌盛”，被取名为孝昌县。后唐同光二年（924年），庄宗李存勖因孝昌县名之“昌”字犯了其祖父名讳，便根据董永卖身葬父、黄香扇枕温衾和孟宗哭竹生笋等孝子感天动地的故事，将孝昌县改名为孝感县。

十堰为什么被称为“车城”？

20世纪60年代，国家在继长春第一汽车制造厂之后，在十堰兴建了中国第二汽车制造厂。所以说，十堰因车而建，又因车而兴，因此大家都把十堰称为中国的“车城”。

黄鹤楼为什么被称为“天下第一楼”？

黄鹤楼位于武汉市，雄踞长江之滨，蛇山之首，背倚万户林立的武昌城，面临汹涌浩荡的扬子江。登上黄鹤楼，可观赏武汉三镇的风光。同时，许多前人流传至今的诗词、文赋和民间故事等，使黄鹤楼成为自然与人文景观相互倚重的文化名楼，因此黄鹤楼享有“天下第一楼”的美誉。

Hunan

出发，湖南省

湖南

我的名片

简称：湘

省会：长沙

面积：21.18 万平方千米

常住人口：6 899 万（2018 年）

著名景点：岳麓山、凤凰古城等

特产：临武鸭、湖南臭豆腐等

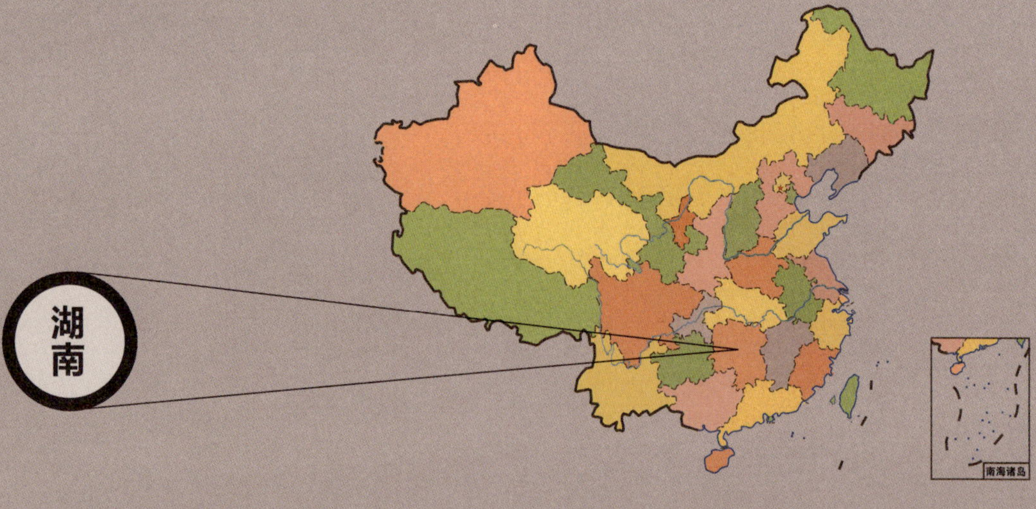

张家界市
张家界
臭豆腐
长沙市
株洲市
凤凰古城
临武鸭
N
W
E
S

“我的照片墙”

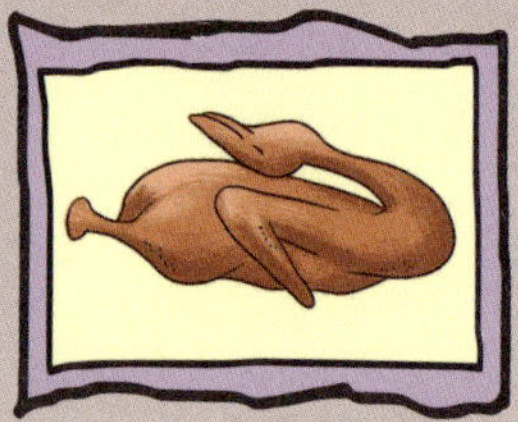

临武鸭

临武鸭是临武县的特产，中国八大名鸭之一。它具有生长发育快、体型大、产蛋多、适应性强、肉质细嫩等特点，以“滋阴降火，美容健身”而闻名。

臭豆腐

湖南臭豆腐又称臭干子，是湖南传统名吃之一。臭豆腐以优质黄豆为原料，经过筛选、脱壳、浸泡、磨浆、过滤、煮浆、点浆、成型、划块、发酵十道工序精制而成，外酥里嫩，口味极佳。

凤凰古城

凤凰古城位于湘西土家族苗族自治州西南部，土地总面积 1 745 平方千米，与云南丽江古城、山西平遥古城媲美，享有“北平遥，南凤凰”之美誉。最有特色的是沱江畔一幢幢古色古香的吊脚楼，知名的文人画客沈从文、黄永玉等都是从这里走出去的。

马王堆遗址

马王堆遗址位于长沙市东郊浏阳河西岸，为五代十国时期楚王马殷及其家族的墓地，因此名为马王堆。墓中先后发掘出西汉女尸、漆器、陶器、兵器、丝织品等。1972 年 1 号墓出土的帛画，是中国已知画面最大、保存最完整和艺术性最强的汉代彩绘帛画。

猛洞河漂流

猛洞河发源于张家界市桑植县的上河溪和湘西龙山县的猛必村，因“山猛似虎，水急如龙，洞穴奇多”而得名。猛洞河漂流号称“天下第一漂”，漂流段全长 47 千米，是湘西最具特色的旅游项目之一。

灯芯糕

灯芯糕是湘潭市的传统副食特产。它形似灯芯，弯转成圈而不断，而且可以用火点燃，散发出纯净的玉桂香味。灯芯糕入口香甜，具有活血提神、健胃顺气的功效。

“我的问题墙”

张家界的峰林地貌是怎样形成的？

从前，张家界地区本来是一片汪洋，沉积了大量的石英砂。后来由于造山运动的影响，海水退去，张家界变成了一片石英砂平地。通过长时间的流水侵蚀，留下了最坚硬的石英砂部分，逐步形成了峰林地貌。2010 年，国际学术界将张家界的地貌类型命名为“张家界地貌”。

为什么岳麓书院被称为“千年学府”？

岳麓书院是中国古代四大书院之一，其前身可追溯到唐末五代的僧人办学。北宋开宝九年，潭州太守朱洞正式创立岳麓书院。历经宋、元、明、清各代，至清末光绪二十九年（1903 年）改为湖南高等学堂，从 1926 年正式定名为湖南大学至今，历经千年，弦歌不绝，故世称“千年学府”。

为什么说株洲是“火车拉来的城市”？

株洲市形成初期，仅在湘江岸边平原、低地交通便利的地区分散布局，规模很小。随着京广线在该地域穿过，使城镇沿京广线分布，但规模较小且分散。后来，随着湘黔线、浙赣线的兴建，株洲市成为铁路枢纽，规模迅速扩大。所以，株洲市是京广线、浙赣线、湘黔线开通后才形成的城市，故称“火车拉来的城市”。

湘西土家族人为什么喜欢住吊脚楼？

土家族人居住的地方多为高山，地势凹凸不平，要想平整屋基，工程是非常浩大的。因此，聪明的土家族人便依地势而定，建造起了三面悬空的吊脚楼。这种建筑具有防潮、通风、防蛇虫等优点，栏杆上便于晾晒衣服及农作物，楼下饲养牲畜，既可防盗又可作为野兽袭击时的“报警器”。

中国河流之最

黄河： 世界上泥沙含量最高的河流，全长约 5 464 千米。它发源于青藏高原的巴颜喀拉山，穿过 9 个省级行政区，最后流入渤海。

塔里木河： 中国第一大内陆河，全长 2 179 千米。它由发源于天山山脉的阿克苏河、发源于喀喇昆仑山的叶尔羌河以及和田河汇流而成，最后流入台特马湖。

长江： 中国最长的河流，全长约 6 300 千米。它发源于青藏高原的唐古拉山，穿过 11 个省、自治区、直辖市，最后流入东海。

京杭大运河：世界上里程最长、工程最大的古代运河，全长约 1 800 千米。它北到北京，南至杭州，流经北京、天津、河北、山东、江苏和浙江四省两市，贯通了海河、黄河、淮河、长江和钱塘江五大水系。

珠江：中国汛期最长的河流，全长 2 214 千米。它发源于云贵高原的马雄山，穿过中国 6 个省级行政区及越南北部，最后流入南海。

出版策划：张焱宏
美术编辑：周邦雄
装帧设计：木　木
　　　　　桃　子
特邀审校：段桂华
　　　　　杨　凡

第4卷

地图里的中国

带着问题去旅行

斯塔熊文化　编绘

山东友谊出版社

图书在版编目（CIP）数据

地图里的中国：带着问题去旅行 / 斯塔熊文化编绘．
--济南：山东友谊出版社，2020.1

ISBN 978-7-5516-1925-7

Ⅰ．①地… Ⅱ．①斯… Ⅲ．①地理－中国－问题解答
Ⅳ．①K92-44

中国版本图书馆CIP数据核字（2019）第159308号

地图里的中国：
带着问题去旅行

DITU LI DE ZHONGGUO：DAI ZHE WENTI QU LVXING

制　　作　墨羽青简
责任编辑　肖　杉
主管单位　山东出版传媒股份有限公司
出版发行　山东友谊出版社
地　　址　济南市英雄山路189号　　邮政编码　250002
电　　话　出版管理部（0531）82098756
　　　　　市场营销部（0531）82098035（传真）
印　　刷　鹤山雅图仕印刷有限公司
开　　本　720mm × 1000mm　1/12
字　　数　150千字
印　　张　15
版　　次　2020年1月第1版
印　　次　2020年1月第1次印刷
审 图 号　GS（2019）3626号
定　　价　108.00元（全5册）

目录

Contents

Sichuan

出发，四川省

四川

我的名片

简称：川或蜀

省会：成都

面积：48.6 万平方千米

常住人口：8 341 万（2018 年）

著名景点：九寨沟、峨眉山等

特产：郫县豆瓣、宜宾五粮液酒等

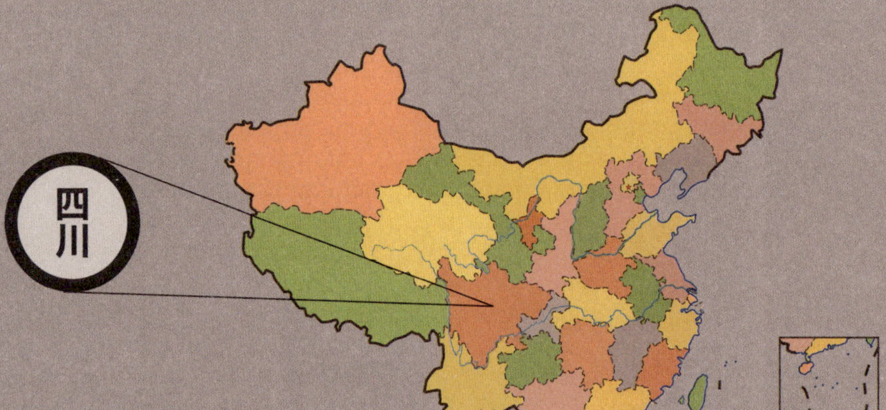

四川

“我的照片墙”

卧龙自然保护区

卧龙自然保护区位于四姑娘山东麓，区内建有大熊猫、小熊猫、金丝猴等国家保护动物繁殖场。大熊猫的数量约占全国总数的10%，以“熊猫之乡”享誉中外。

担担面

担担面是四川民间极为普遍且颇具特殊风味的一种著名小吃，因常由小贩挑着担子叫卖得名。此面色泽红亮，麻辣酸味突出，鲜而不腻，辣而不燥，堪称川味面食中的佼佼者。

川剧变脸

川剧变脸是川剧中塑造人物的一种特技，用以表现剧中人物的情绪、心理状态的突然变化，例如惊恐、绝望、愤怒、阴险等，达到“相随心变”的艺术效果。川剧变脸的手法大体分为三种：抹脸、吹脸、扯脸。此外还有一种“运气”变脸。

宜宾五粮液

宜宾五粮液用小麦、大米、玉米、高粱、糯米 5 种粮食发酵酿制而成，具有香气悠久、口味醇厚、入口甘美、入喉净爽的风格特点，在中国浓香型酒中独树一帜。

郫县豆瓣

郫县豆瓣是成都市郫都区特产，它具有辣味重、鲜红油润、辣椒块大、回味香甜的特点，是川味食谱中常用的调味佳品，被称为“川菜之魂”。

乐山大佛

乐山大佛位于乐山市南岷江东岸凌云寺侧，大渡河、青衣江和岷江三江交汇处。大佛为弥勒佛坐像，通高 71 米，是中国最大的一尊摩崖石刻造像。

峨眉山

峨眉山位于乐山市峨眉山市境内，是中国四大佛教名山之一。峨眉山地势陡峭，风景秀丽，素有“峨眉天下秀”之称，是旅游、休养、避暑胜地。

“我的问题墙”

四川为什么被称为“天府之国”？

四川盆地气候温暖，雨量丰沛，土壤肥沃，开发较早，人口稠密，古代在此就兴建了都江堰水利枢纽工程，因此灌溉便利，农业生产发达，物产丰富，所产水稻、小麦、油菜、柑橘、甘蔗、蚕丝等农产品在全国占有重要地位，被誉为“天府之国”。

成都为什么又叫“锦官城”？

成都平原自然条件得天独厚，很早就有比较发达的织锦手工业。三国蜀汉时期，成都是中国的织锦中心，美丽的蜀锦畅销全国，织锦业成为朝廷重要的贡赋来源。于是，朝廷专门设置了锦官管理此地，并在城西南筑锦官城，于是成都又被称为“锦官城”或“锦城”。

自贡为什么被称为“恐龙之乡”？

自贡大山铺恐龙化石群遗址集中埋藏面积约为 17 000 平方米，是世界上收藏和展示侏罗纪恐龙化石最多的地方，是中国最重要的恐龙化石埋藏地，也是世界上最重要的古生物化石埋藏地之一，因此自贡被誉为“恐龙之乡”。

五彩池的池水为什么是五彩的？

五彩池位于松潘县黄龙风景名胜区内，是“黄龙四绝”（彩池、雪山、峡谷、森林）之一。彩池层层相连，呈梯田状排列。这些彩池大的有几十平方米，小的只有几平方米。池中的碳酸钙在沉积过程中与各种有机物和无机物结成不同质的钙华体，再加上光线照射的种种变化，便形成了池水的不同颜色。

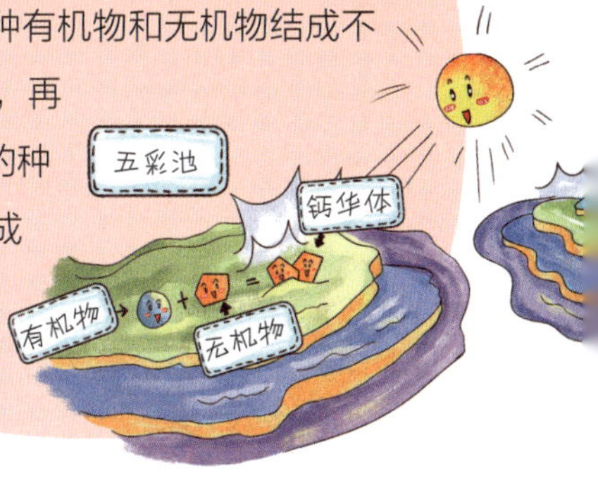

【特别的我】

1 我是谁

人们给我取名叫**“佛光”**，峨眉山是我尽情展示风采的舞台。峨眉山位于四川省峨眉山市，是**佛教四大名山**之一。

2 我为什么会在峨眉山上出现

当阳光从观察者背后照射过来至浩荡无际的云海上面时，深层的云层就把**阳光反射**回来，经浅层云层的云滴或雾粒的衍射分化，形成了一个巨大的彩色光环，观赏者**俯身下望**，会看到五彩光环在云际飘浮，自己的**身影置于光环**之中。无论多少人，人们所见的也只是自己的身影，这**便是令人惊奇的我。**

③ 我的指数：★★★★

我有着变幻莫测的姿态，人的影子呈现在**七彩的光环**正中，光环随人动，人影在环中，被称为峨眉山**最壮丽的奇观**，许多人都把能看到我当成是此生最幸运的一件事之一。

④ 我的秘密

只要**阳光**、**地形**和**云海**等众多自然条件符合，各地名山都有可能出现**“佛光”**奇观。

Chongqing

出发，重庆市

重庆

我的名片

简称：渝

面积：8.24 万平方千米

常住人口：3 102 万（2018 年）

著名景点：大足石刻、丰都鬼城等

市花：山茶花

特产：涪陵榨菜、江津米花糖等

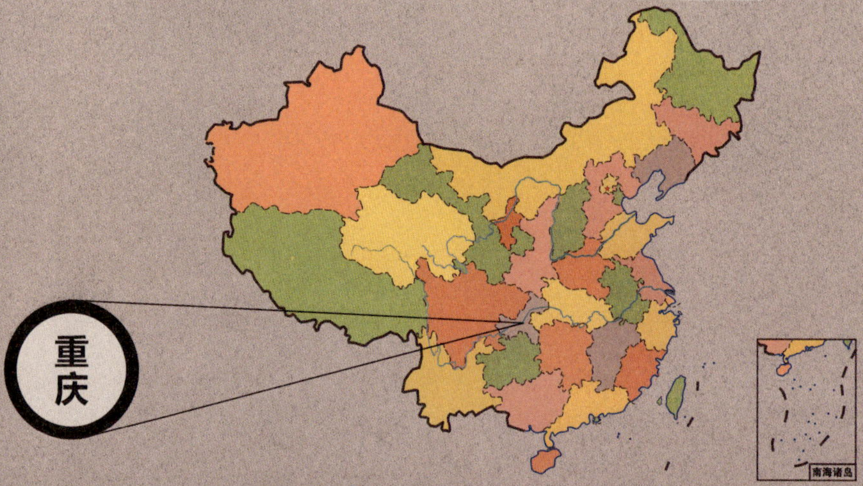

山茶花
火锅
丰都县
合川区
重庆市
涪陵榨菜
大足石刻
N
W
E
S

“我的照片墙”

山茶花

山茶花是重庆市市花，花姿丰盈，端庄高雅，是中国传统的观赏花卉。花瓣近于圆形，有红、白、黄、紫、墨等颜色，十分鲜艳，从 10 月至次年 4 月间都有不同品种的山茶花开放。

大足石刻

大足石刻是重庆市大足区境内摩崖造像的总称，公布为文物保护单位的摩崖造像多达 75 处，其中以宝顶山和北山摩崖石刻最为著名。大足石刻以佛教造像为主，是中国晚期石窟造像艺术的典范。

涪陵榨菜

涪陵榨菜是选用涪陵区种植的青菜头，经过独特的加工工艺制成的一种风味产品，味道鲜嫩香脆，与法国酸黄瓜、德国甜酸甘蓝并称为世界三大名腌菜。

棒棒

棒棒是重庆街头的临时搬运工，他们一般来自农村，勤劳质朴。他们肩上扛着 1 米多长的竹棒，棒子上系着两根青色的尼龙绳，沿街游荡揽活，如果有人需要，叫一声“棒棒”，他们就会应声而到。

火锅

重庆火锅是重庆的特色美食，以调汤考究、麻辣鲜香见长，菜品多样，调料独特。其味道麻而不涩，辣而不燥，鲜而不腻，香而不闷。

解放碑

解放碑位于重庆市渝中区民族路、民权路、邹容路交会处，是抗战胜利和重庆解放的历史见证，也是全国唯一一座纪念中国人民抗日战争胜利的纪念碑。碑高 27.5 米，为八角形柱体盔顶钢筋混凝土结构。

“我的问题墙”

为什么说重庆是“山城”？

重庆属于中国陆地地势的第二级阶梯，东北部雄踞着大巴山地，东南部、南部斜贯有巫山、大娄山等山脉，地形地貌复杂。山地占了重庆全市70%以上的面积，在重庆的大部分地区，可以说抬头就能看到山。而且，重庆主城和很多区县城市都坐落在山上。所以说，重庆是一座典型的“山城”。

钓鱼城为什么被称为“上帝折鞭处”？

1258年，蒙哥大汗亲率主力进攻四川，于次年2月兵临合川钓鱼城。蒙哥铁骑东征西讨，所向披靡，然而在钓鱼城却不能越雷池半步。7月，蒙哥被城上火炮击伤，后逝于温泉寺，蒙军被迫撤军北还。蒙古大军西征欧洲，灭亡了很多国家，被欧洲历史学家认为是上帝派来惩罚欧洲的，因此钓鱼城便被称为“上帝折鞭处”。

重庆人为什么喜欢吃火锅？

重庆临近长江，丘陵众多，所以气候潮湿，自古就有吃辣椒、花椒祛湿的习俗，长久下来，重庆人就喜麻辣，而火锅无疑满足了重庆人的口味。同时，吃火锅很容易让人流汗，人体内的毒素会随着汗液而排出体外，对身体有益，所以重庆人非常爱吃火锅。

丰都为什么成了“鬼城”？

相传很早以前，有殷长生、王方平两人在丰都修道成仙，大家就将二人合称为“殷王”，后人讹传为“阴王”或者“阴间之王”，再后来又演变为“阎王”，说是人死了都要到那里去报到。于是，有人干脆在这里修建了“鬼城”，内有奈何桥、阎王殿、十八层地狱等景点，吸引了众多游人。

Yunnan

出发，云南省

云南

我的名片

简称： 云或滇

省会： 昆明

面积： 39.4 万平方千米

常住人口： 4 830 万（2018 年）

著名景点： 路南石林、丽江古城等

特产： 普洱茶、松茸等

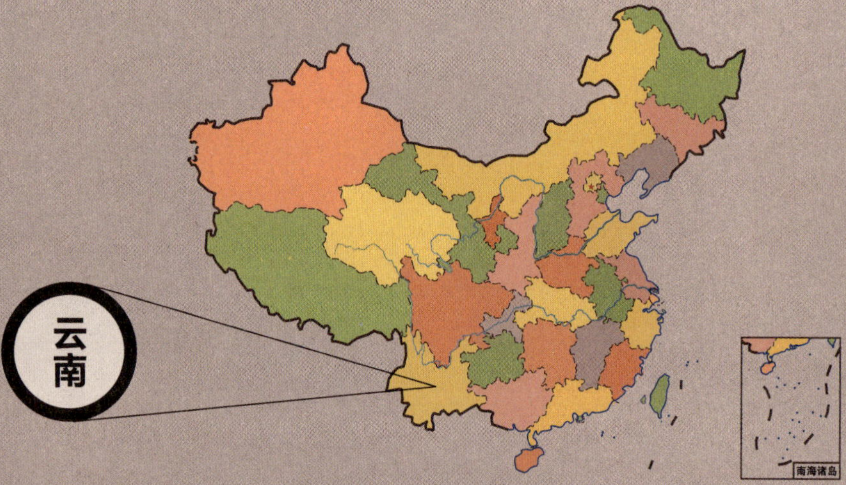

云南

“我的照片墙”

泸沽湖

泸沽湖被称为“神奇的东方女儿国”，是川滇两省的界湖，也是云南海拔最高的湖泊。在这里生活着至今仍延续着母系氏族特点的摩梭人。

傣族泼水节

傣族泼水节是云南少数民族中影响最广的节日之一。每年的阴历四月（傣历五月）举行的泼水节是傣族的新年佳节。泼水节一般为期三到四天，人们以泼水的形式来庆祝傣历新年。泼水节期间，还要进行丢包、划龙舟、拜佛等活动。

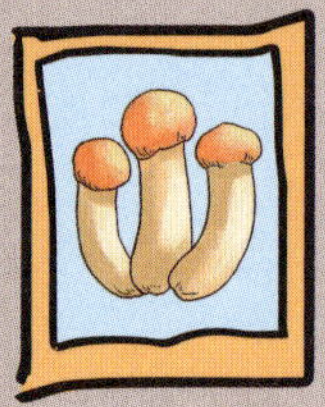

松茸

松茸一般在秋季生成，通常寄生于赤松、堰松、铁杉的根部，是世界上珍稀名贵的天然药用菌，被誉为“菌中之王”，具有独特的浓郁香味，口感润滑爽口。香格里拉是中国松茸的主产区。

大理三塔

大理三塔位于距大理古城 1 500 米处的崇圣寺内，所以又被称为“崇圣寺三塔”，是大理古文化的象征。三塔的主塔千寻塔高 69.13 米，外观与西安的小雁塔、登封永泰寺塔、洛阳白马寺塔属同一类型。

普洱茶

普洱茶产于普洱、西双版纳等地，以云南大叶种茶树鲜叶加工而成，包括散茶、圆茶、紧茶、饼茶等品种。普洱茶含有丰富的茶多酚、多种微量元素和维生素，具有解渴、除烦去腻、清心明目等作用，对人体健康十分有益。

汽锅鸡

汽锅鸡是云南独有的高级风味菜。其鸡肉细嫩，汤汁鲜美，原汁原味，富有营养。人们后来又在其中加入了云南特产的名贵药材三七、虫草、天麻等，使鸡汤的味道更加鲜美独特。

“我的问题墙”

为什么有“玉出云南”的说法？

“玉出云南”之说，最初在清代时颇为流行，因为云南是重要的玉石集散地，有着“翡翠之乡”的美誉。据考证，云玉和云石指的就是翡翠。清代时，云南官员用缅甸的翡翠作为“云玉”或“云石”进贡给朝廷，“玉出云南”或由此而来。

丽江古城为什么没有城墙？

丽江是中国历史文化名城中唯一没有城墙的古城，据说是因为丽江世袭统治者姓木，筑城势必如木字加框而成“困”字。其实，由于丽江过于偏僻，又与相邻的部族和睦相处，所以基本没有战争，即使修筑了城墙，也没有什么用处。

普洱茶为什么要压成饼状？

1. 可以减少空气中的水分对茶叶的影响，使其微生物和香气能更好地保存下来。

2. 减少温度对茶叶的影响，使茶叶中的微生物能更好地存活下来。

3. 减少氧气和光线与茶的接触面积，多酚类、酮类与叶绿素的氧化就会缓慢很多，茶质就能更好地保存。

傣族人为什么喜欢住竹楼？

傣族人居住区地处亚热带，气温高，雨水多，空气湿度大，所以，傣族人便利用当地盛产的竹子修建了竹楼。竹楼分为上下两层，下层用于饲养牲畜家禽，堆放柴火和杂物，上层住人，有利于防酷热和湿气，还能防蛇、虫、鼠等。所以，傣族人一直到现在都喜欢住竹楼。

[特别的我]

1 我是谁

我是云南著名的景观——**路南石林**，位于云南石林彝族自治县，距昆明市区约 72 千米。传说，我就是**阿诗玛的故乡**哦！

2 我的秘密

传说阿诗玛被财主抢回了家，后来被阿黑哥救走了，可是半路上却被同财主勾结的崖神放出的洪水冲走，变成了一座石峰。

3 路南石林是怎么形成的

在距今约 3.6 亿年前，我所在的地区还是一片海洋。大约 2.8 亿年前，这里的地壳不断上升，最后变为陆地。等海水退去后，这里大面积的**石灰岩**就直接暴露在空气中。石灰岩的主要成分是**碳酸钙**，很容易与**含有二氧化碳的水**发生反应，然后被**溶蚀**掉。因此，历经了亿万年的烈日灼烤和雨水冲蚀、风化，我就光荣地诞生了。

4 我的指数：★★★★★

远近高低各不同，这是我的景观的真实写照。因为众多奇石拔地而起，千姿百态，可谓巧夺天工，于是人们赞誉我为**“天下第一奇观”**。

Guizhou

出发，贵州省

贵州

我的名片

简称：贵或黔

省会：贵阳

面积：17.62 万平方千米

常住人口：3 600 万（2018 年）

著名景点：黄果树瀑布、西江千户苗寨等

特产：宗地六花猪、贵州茅台酒等

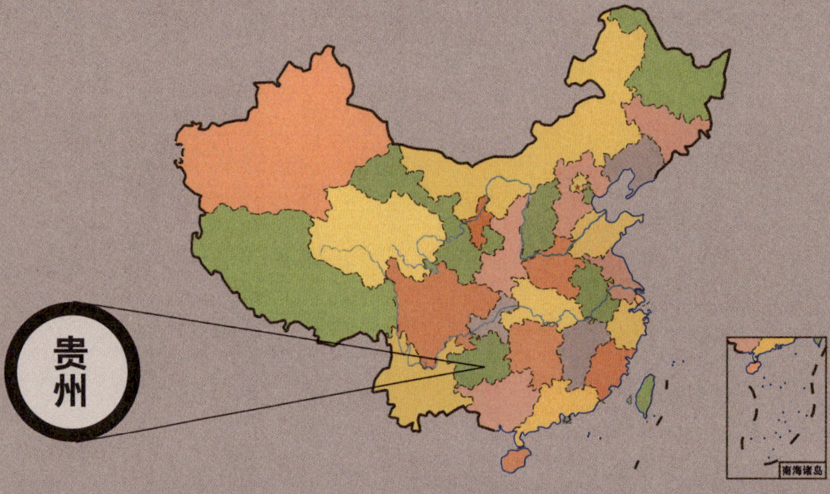

贵州

“我的照片墙”

梵净山

梵净山位于贵州省东北部的铜仁市，被誉为“贵州第一山”，是世界上黔金丝猴的唯一分布区。通往山顶的 7 000 多级台阶，被称为通往佛国的天梯。

西江千户苗寨

西江千户苗寨位于贵州省黔东南苗族侗族自治州雷山县西江镇，是中国仅有、举世无双的千户苗寨，素有“苗都”“千户苗寨”之称，是研究苗族历史文化的活化石。每年的苗年节、吃新节、十三年一次的牯藏节等均名扬四海。

贵州茅台

茅台酒产于仁怀市茅台镇，是大曲酱香型白酒的鼻祖，有“风味隔壁三家醉，雨后开瓶十里芳”和“酒冠黔人国”的美誉，其香气幽雅，绵甜爽净，回味悠长。

宗地六花猪

宗地六花猪生长在麻山腹地，以玉米、大豆、野荞菜等为饲料，猪肉有入口鲜嫩、油少肉糯、脂肪油而不腻的特点。除一般烹饪外，用筒子骨熬汤，猪肉做腊肉和香肠，味道更是别具一格。

安顺蜡染

安顺蜡染是民间传统工艺品，有 2 000 多年的历史。用蜡刀蘸上融化的蜡液，在白土布上描绘各种图案，放入染缸，然后再去蜡漂洗，一幅精美的传统蜡染作品完成。蜡染最初以蓝底白花和白底蓝花为最多，现已经发展为彩色蜡染。

黄果树瀑布

黄果树瀑布位于安顺市区以西 45 千米处，是世界上唯一有水帘洞自然贯通且能从洞内外听、观、摸的瀑布。

“我的问题墙”

为什么遵义会议如此重要？

遵义会议开始确立以毛泽东为代表的马克思主义正确路线在中共中央的领导地位，在极端危急的历史关头，挽救了党，挽救了红军，挽救了中国革命，是党的历史上一个生死攸关的转折点。这次会议标志着中国共产党在政治上开始走向成熟。

贵州为什么“地无三里平”？

贵州地处云贵高原东段，地势高低不平，石灰岩厚度大，分布广。由于石灰岩容易受到流水侵蚀，加上贵州气候湿润，降水量大，所以形成了众多落水洞、漏斗、岩洞、峡谷、天生桥、盆地等地貌，成为世界上喀斯特地貌发育非常典型的地区之一。

苗族人为什么喜欢佩戴银饰？

历史上，受战乱影响，苗族人总是居无定所，所以他们就将家里的积蓄换成银锭，打制成饰物由家中妇女佩戴，必要时，人走则家随。同时，人们认为，银还可以驱邪保平安。银遇身体有风湿或内脏疾病会发灰，佩戴银饰可以反映身体健康状况，方便人们及时就医。

贵州为什么“天无三日晴”？

冬季，北方来的冷空气和贵州的暖空气僵持不下，产生阴雨连绵的天气。春季，南方暖空气逐渐加强，使得天气变化多端。夏季，暖湿空气受地形的抬升而多雨。秋季，北方冷空气南下，又产生阴雨连绵的天气。所以，贵州一年四季都多雨。

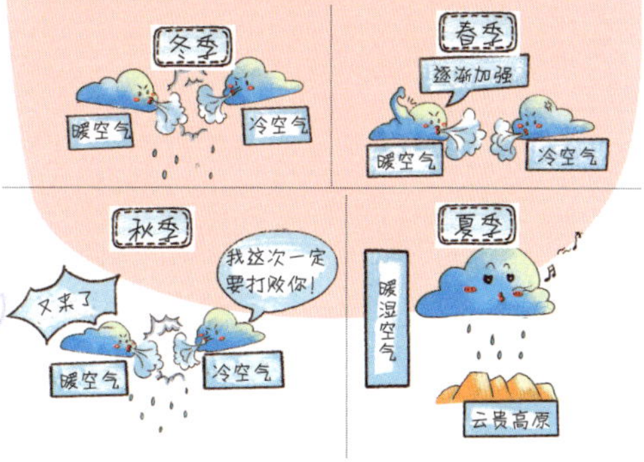

Tibet Autonomous Region

出发，西藏自治区

西藏

我的名片

简称：藏

首府：拉萨

面积：122.84 万平方千米

常住人口：344 万（2018 年）

著名景点：布达拉宫、大昭寺等

特产：藏红花、青稞面等

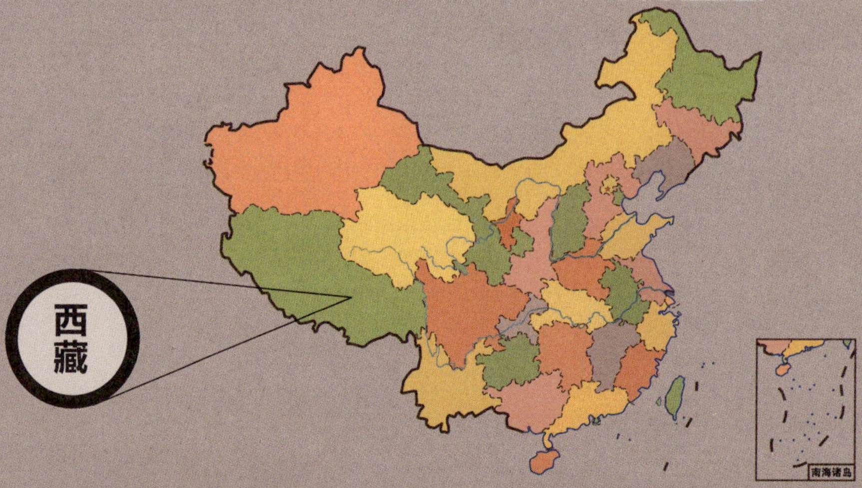

西藏

“我的照片墙”

藏族唐卡

藏族唐卡多绘于画布之上，是用彩缎织物装裱成的卷轴画，是藏族美术最主要的艺术形式之一。唐卡画幅大小不一，大者几十平方米，小者不足零点一平方米。它的绘画颜料多为矿物质、金银等。

青稞面

青稞是大麦的一种，又称稞大麦、元麦，是制作西藏四宝之首糌粑的主要原料。青稞面是由青稞磨成的面粉，吃法简单，携带方便，很适合游牧民族的生活特点。

转经筒

转经筒是藏族群众最常见的宗教法器之一，转经筒一般分为两类：一种是手摇式的，另一种是固定在寺庙里的轮架上的。在西藏几乎随处可见转经的人，人们认为转经就相当于念经，是忏悔往事、消灾避难、修积功德的最好方式。

大昭寺

大昭寺位于拉萨老城区中心，是一座藏传佛教寺院，是由藏王松赞干布建造的。大昭寺融合了汉、藏建筑风格，吸收了尼泊尔、印度的建筑特点，成为藏式宗教建筑的千古典范。

雅鲁藏布大峡谷

雅鲁藏布大峡谷北起米林县的大渡卡村，南到墨脱县巴昔卡村，全长 504.6 千米，最深处 6 009 米，平均深度为 2 268 米，是世界第一大峡谷。整个峡谷各类生物、冰川、绝壁、陡坡、泥石流等相互交错，环境恶劣，被称为“地球上最后的秘境”。

酥油茶

酥油茶是青藏高原地区的特色饮品，用熬成后的砖茶水、盐和酥油制成。酥油茶不仅可以滋补身体，提神解渴，还能产生热量，御寒充饥，是高寒地区的最佳饮品。

藏红花

藏红花采自海拔 5 000 米以上的高寒地区，是驰名中外的“藏药”。藏红花主要药用部分为小小的柱头，采后剥开花瓣，取出雌蕊花柱和柱头。藏红花具有活血化瘀、止痛等功效。除了药用，藏红花还可以用作香料、食品调味和上色等。

“我的问题墙”

藏族人的脸为什么很红？

青藏高原海拔非常高，所以氧气含量也比平原地区少。生活在高原上的人，红细胞比普通人多，这样可以增强运输氧的能力。同时，高原空气稀薄，紫外线的辐射很强，人的脸部长期被紫外线照射，就会被晒伤而显出红色。

藏族人为什么喜欢佩戴贵重的蜜蜡、松石？

藏族人也逐水草而居，没有固定的居所。每当要迁徙时，都要带大量的物资以及财产。于是，藏族人将不便搬动的财产都换成价值不菲的蜜蜡、松石等，不仅方便携带，而且美观，传承到现在便成了一种习惯。

藏族人为什么要向客人献哈达？

哈达是藏语，即纱巾或绸巾，以白色为主，亦有浅蓝色或淡黄色的。献哈达是藏族一种规格最高的待客礼仪，表示对客人热烈的欢迎和诚挚的敬意。每逢朝拜佛像、婚丧节庆、拜会长者、送别远行的时候，他们也要献哈达，以此表示诚心和敬意。

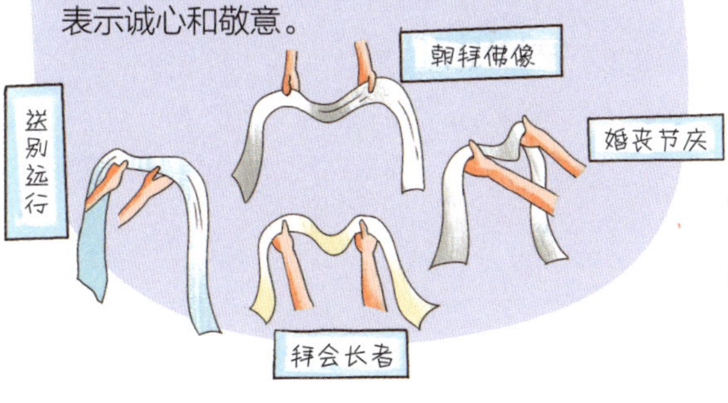

藏族人为什么喜欢喝酥油茶？

酥油茶是藏族人每日必备的饮品，是高原生活的必需品。藏族人喜欢喝酥油茶，因为寒冷的时候可以驱寒；吃肉的时候可以去腻；饥饿的时候可以充饥；困倦的时候可以解乏；瞌睡的时候，还可以清醒头脑。茶中含有维生素，还可以减轻高原缺少蔬菜对人体的损害。

[特别的我]

1 我是谁

在西藏自治区的首府拉萨西北郊区，有一座海拔 3 700 多米的山，名叫**玛布日山**，也叫红山，我——**布达拉宫**，就坐落在那座山上。

2 我的秘密

如果你到我这里来，一定记得要去**珍宝馆**看看哦！那里面展出了许多珍宝，一定会让你觉得不虚此行的。

③ 为什么称布达拉宫为藏传佛教的圣地

我始建于公元 7 世纪，是藏王**松赞干布**为远嫁西藏的唐朝**文成公主**而建的。17 世纪重建后，我便成了历世达赖喇嘛的冬宫，也是过去西藏地方统治者政教合一的统治中心。从五世达赖喇嘛起，重大的宗教、政治仪式均在此举行，同时我还是供奉历世达赖喇嘛灵塔的地方。所以，我就成了**藏传佛教的圣地**。

④ 我的指数：★★★★★

我是一座具有鲜明的藏式风格的宫殿，依山而建，气势雄伟。我既是**拉萨城的标志**，也是西藏人民**巨大创造力的象征**。藏族人称我为**“赞姆林坚吉”**，意思是价值抵得上半个世界。

Qinghai
出发，青海省

青海

我的名片

简称：青

省会：西宁

面积：72.23 万平方千米

常住人口：603 万（2018 年）

著名景点：青海湖、塔尔寺等

特产：黑紫羔皮、冬虫夏草等

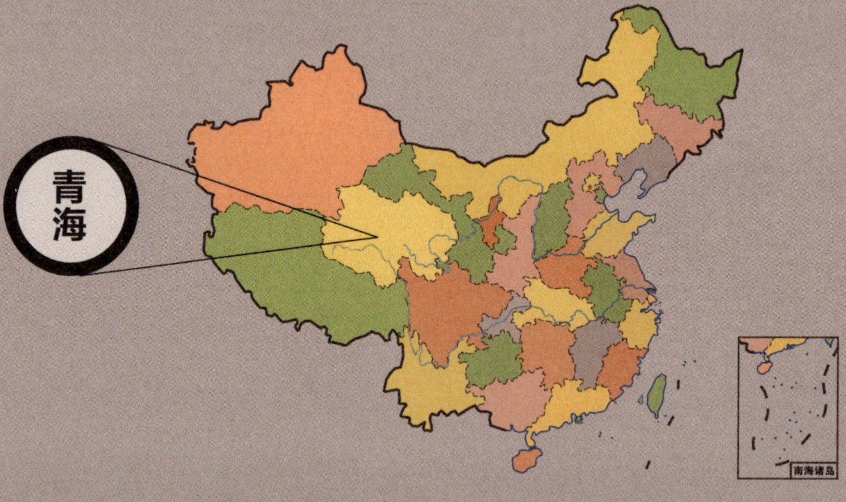

青海湖
黑紫羔皮
西宁市
冬虫夏草
塔尔寺
N
W
E
S

“我的照片墙”

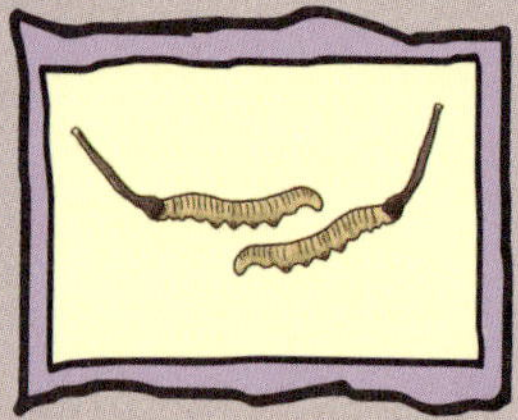

冬虫夏草

冬虫夏草又名虫草，是中国民间惯用的一种名贵滋补药材。它的外形奇特，冬天是虫子，夏天却是草，为虫体与菌座相连而成，全长4～11厘米。

黑紫羔皮

黑紫羔皮是青海省名贵裘皮品种之一，也是供出口的名贵裘皮，其花纹卷曲，色泽黑艳，皮板轻松，保暖效果非常好，经久耐穿。

堆绣

堆绣是塔尔寺独创的藏族艺术之一，用各种色彩艳丽的绸缎剪成佛像、人物、花卉、鸟兽等形象，然后以羊毛或棉花填充其中，再绣在布幔上，因此非常有立体感，看上去层次分明，栩栩如生。

塔尔寺

塔尔寺位于青海省西宁市西南25千米处的湟中县鲁沙尔镇，是中国西北地区藏传佛教的活动中心，在中国及东南亚享有盛名。其中，酥油花、壁画和堆绣被誉为“塔尔寺艺术三绝”。每年举行的佛事活动“四大法会”，更是热闹非凡。

青海湖鸟岛

青海湖鸟岛地处青海湖的西北部，在不足1平方千米的鸟岛上栖息着近10万只候鸟，堪称“鸟的王国”。到了产卵季节，岛上的鸟蛋一窝连一窝，密密麻麻，因此它也被人们称为“蛋岛”。

花儿

花儿是流行于青海、甘肃、宁夏地区的一种山歌型情歌，也是一种多民族的民歌，多是人们在田间劳动、山中放牧、赶车上路时即兴顺口编唱。

“我的问题墙”

西宁为什么被称为“夏都”？

西宁位于祁连山地南部的一个坳陷盆地内，夏无酷暑，冬无严寒。每年七、八月份，中国许多城市热灼难熬时，西宁却凉爽宜人。来到西宁的游客体验着摆脱伏暑、昼不淌汗、夜盖薄被，无须空调降温，夜夜沉入美梦中的幸福，于是赞美西宁是天然的消夏避暑之都，所以西宁便有了“夏都”的美名。

青海湖的水为什么是咸的？

青海湖是一个河水只流入不流出的闭塞湖。由于其位于西北气候干燥地区，湖水蒸发量大于湖水注入量，因此湖水不断下降，湖面逐渐缩小，湖水密度增大，湖水中的盐类等物质浓度不断增加，最后湖水就变咸了。

柴达木盆地为什么被称为“聚宝盆”？

几千万年前，柴达木盆地是一个大湖盆。原先的气候比现在温暖湿润得多，生物繁茂，生物遗体不断堆积，逐渐生成石油和煤。后来，气候变得干燥，湖水蒸发，形成丰富的食盐、钾盐、石膏等。因此，柴达木盆地资源丰富，被称为“聚宝盆”。

湟水谷地为什么农业发达？

青藏高原气候高寒，只有河谷地带适合发展农业。其中，湟水谷地便是一个有名的农业带。这里地势较低，气温较高，无霜期长，降水条件较好，土壤比较肥沃，又有河水作为灌溉水源，因而适宜耕作，此地成为重要的农业生产基地。

能歌善舞的少数民族

维吾尔族：我们维吾尔族人跳舞的时候，不只是头、肩、腰、臂、肘、膝、脚有动作，更有传神的眼神。

藏族：我们藏族人“会说话就会唱歌，会走路就会跳舞”。我们最喜欢跳锅庄舞，男女老少围成一圈，一边跳一边唱，可有趣了。

回族：我们回族人在田间劳动、山中放牧、赶车上路时，会即兴顺口编唱一种情歌，叫作“花儿”。

傣族：我们傣族舞蹈种类繁多，有象脚鼓舞、长甲舞、蜡条舞、鱼舞等，当然还有大家最为熟悉的孔雀舞。

朝鲜族：我们朝鲜族舞蹈优美典雅，动中有静，柔中带刚。

蒙古族：我们蒙古族人性格纯朴、热情、粗犷，只要有了高兴事我们就会载歌载舞，只要跳起舞，我们就要喝酒。

壮族：我们壮族舞蹈种类繁多，大多表现劳动和爱情生活。著名的“歌仙”刘三姐就是壮族人。

出版策划：张焱宏
美术编辑：周邦雄
装帧设计：木　木
桃　子
特邀审校：段桂华
杨　凡

第5卷

地图里的中国

带着问题去旅行

斯塔熊文化 编绘

山东友谊出版社

图书在版编目（CIP）数据

地图里的中国：带着问题去旅行 / 斯塔熊文化编绘.
--济南：山东友谊出版社，2020.1

ISBN 978-7-5516-1925-7

Ⅰ.①地… Ⅱ.①斯… Ⅲ.①地理－中国－问题解答
Ⅳ.①K92-44

中国版本图书馆CIP数据核字（2019）第159308号

地图里的中国：
带着问题去旅行
DITU LI DE ZHONGGUO：DAI ZHE WENTI QU LVXING

制　　作　墨明青简
责任编辑　肖　杉
主管单位　山东出版传媒股份有限公司
出版发行　山东友谊出版社
地　　址　济南市英雄山路189号　　邮政编码　250002
电　　话　出版管理部（0531）82098756
　　　　　市场营销部（0531）82098035（传真）
印　　刷　鹤山雅图仕印刷有限公司
开　　本　720mm×1000mm　1/12
字　　数　150千字
印　　张　15
版　　次　2020年1月第1版
印　　次　2020年1月第1次印刷
审 图 号　GS（2019）3626号
定　　价　108.00元（全5册）

目录

Contents

Guangxi Zhuang Autonomous Region
出发，广西壮族自治区

广西

我的名片

简称：桂

首府：南宁

面积：23.76 万平方千米

常住人口：4 926 万（2018 年）

著名景点：桂林山水、北海银滩等

特产：金田淮山、壮锦等

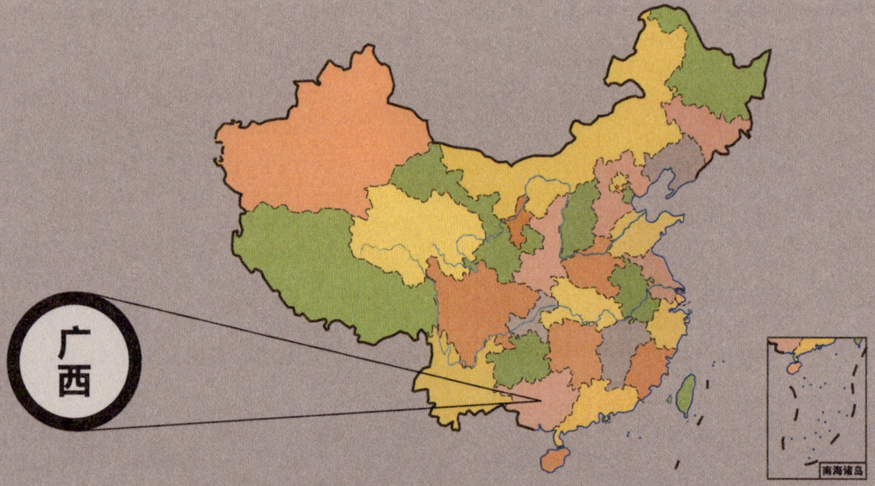

广西

“我的照片墙”

壮族三月三歌节

农历三月初三是壮族传统节日“歌节”，又称“歌圩”。每到歌节时，壮族的未婚姑娘和小伙子们都会按照一定规则，互相对唱山歌。如果有男女双方情投意合，就会互赠信物，意为定情。

象鼻山

象鼻山是桂林的城徽，也是桂林旅游的标志性景点，它坐落在桂林市的漓江与桃花江交汇处，形状像一头大象把长长的鼻子伸进漓江饮水。象鼻和象腿之间是一个大圆洞，江水从中穿过，犹如明月浮水。

大石围天坑

大石围天坑位于百色市乐业县同乐镇。在方圆不到20平方千米的崇山峻岭里，分布着24个天坑，是世界上最大的天坑群，被誉为“天坑博物馆”“世界岩溶胜地”。天坑底部有世界上最大的地下原始森林。

龙脊梯田

龙脊梯田是一个规模宏大的梯田群，包括平安壮族梯田观景区、金坑红瑶梯田观景区、龙脊古壮寨梯田观景区，被称为“梯田世界之冠”。梯田的坡度大多在26～35度之间，分布在海拔300～1 100米的山地间。七星伴月是龙脊梯田的精华，由7个小山顶梯田和1个大山顶梯田组成，景致高低错落，非常壮观。

灵渠

灵渠位于广西兴安县境内，开凿于公元前214年，是世界上最古老的人工运河之一，与四川都江堰、陕西郑国渠并称为“秦朝三大水利工程”。灵渠沟通了长江和珠江两大水系，大大促进了黄河、长江流域与南方各民族间的经济、文化交流。

罗汉果

罗汉果是广西著名的特产之一，素有“神仙果”之称。罗汉果大小如儿童的拳头，表面有淡黄色柔毛，含有丰富的葡萄糖和果糖，具有保健功效。桂林市永福县的龙江乡有“中国罗汉果之乡”的美誉。

“我的问题墙”

壮族歌仙刘三姐是谁？

传说刘三姐生于唐朝中宗年间，真名叫刘三妹，是广西壮族人。三妹有着出口成歌的本领，长得也非常漂亮。她 17 岁时，与一个心爱的小伙子私订了终身。可是村里有一个恶霸对三妹垂涎多时，决意把三妹抢到手。一天晚上，三妹正和小伙子坐在柳河边看月亮，这时恶霸抢人来了。三妹和小伙子无路可走，便手拉着手双双跳进了柳河殉情。

壮族人为什么爱吃五色糯米饭？

壮族人十分爱吃五色糯米饭，因为他们把它看作是吉祥如意、五谷丰登的象征。在每年农历三月初三或者清明节这样的日子里，壮族人通常会制作五色糯米饭用来祭祖、招待亲友。孩子满月、乔迁之喜时，也会蒸煮五色糯米饭分送给左邻右舍，以示庆贺。

桂林山水是怎么形成的？

桂林山水之所以绮丽秀美，是因为那里有很多的石灰岩。石灰岩的主要成分是碳酸钙，特别容易被含有二氧化碳的雨水和河水溶解。经过千百年雨水、河水的侵蚀，就形成了现在这样山清水秀、洞奇石美的风景奇观。

红瑶女子是怎么护发的？

桂林市的红瑶女子家中的火塘边通常有一个陶罐，里面装的是淘米水。经过火塘的烘烤，淘米水就发酵成了一种独特的护发品。红瑶女子每次梳洗头发时，首先会把长发放在秘制的淘米水中浸润十来分钟，使其充分吸收营养，再用山泉水洗净，然后梳理晾干。这就是红瑶女子保养长发的秘密。

[特别的我]

1 我是谁

我们是**开平碉楼**，屹立在广东省江门市下辖的开平市境内，以我们**土洋结合**的独特风格，吸引着无数中外游客。

2 开平为什么修建许多碉楼

开平市以前处在新会、台山、恩平、新兴四县的交界处，向来有**“四不管”**的说法，其社会治安非常混乱。清朝初期，为了防涝防匪，有乡民开始建筑**有防卫功能的碉楼**。鸦片战争以后，许多开平人出洋谋生，积下了产业。他们的一些后代回乡建新房时，都纷纷建造各式各样**碉楼式的楼宇**。因此，开平碉楼就越建越多了。

③ 我的指数：★★★

我们开平碉楼是集防卫和居住于一体的建筑，有**古希腊、古罗马及伊斯兰**等风格。我们数量多，风格多样，还具有重要的历史价值，现在已经被列入**《世界文化遗产名录》**。

④ 我的秘密

我们当中的一些碉楼大量使用了**进口的水泥、木材、钢筋、玻璃**等材料，这些来自国外的建筑材料加之先进的建筑技术，极大地改变了中国传统建筑的技法。

Guangdong

出发，广东省

广东

我的名片

简称：粤

省会：广州

面积：17.97 万平方千米

常住人口：11 346 万（2018 年）

著名景点：丹霞山、白云山等

特产：端砚、凉茶等

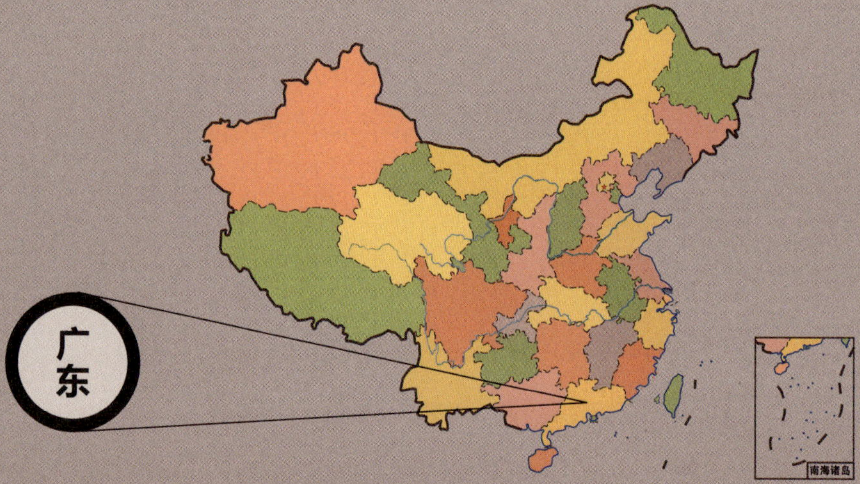

广东

“我的照片墙”

潮州木雕

潮州木雕是一项历史悠久的民间雕刻艺术，精雕细琢后贴上纯金箔，显得金碧辉煌，又称潮州金漆木雕，主要用作建筑装饰、神器装饰、家具装饰、案头装饰等。2006 年，潮州木雕被列为国家级非物质文化遗产。

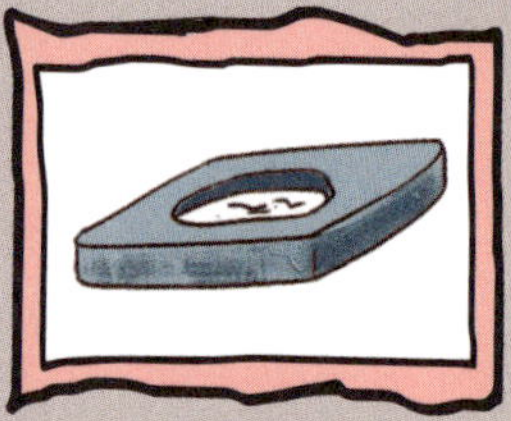

端砚

端砚出产于广东省肇庆市，是中国四大名砚之一，与甘肃洮砚、安徽歙砚、山西澄泥砚齐名。端砚石质坚实、细腻、娇嫩，研墨不滞，发墨快，研出的墨汁细滑，书写流畅，字的颜色也经久不变。

凉茶

凉茶是一种历史悠久的传统中草药饮料，是广东人民根据当地的气候、水土特征，在长期预防疾病与保健的过程中配制而成的，具有清热解毒、生津止渴、祛火除湿等功效。2006 年，广东凉茶制作技艺被列为国家级非物质文化遗产。

马蹄糕

马蹄糕是一种传统甜点小吃，口感甜蜜，入口即化，是用糖水拌荸荠粉蒸制而成的。荸荠别称马蹄，含有丰富的维生素和磷，有清热、去湿、解毒的功效，对牙齿、骨骼的发育也有很大好处。

干蒸烧卖

干蒸烧卖是广东省的地方传统名点，用半肥瘦猪肉、虾仁、云吞皮和鸡蛋为主要原料，以生抽、白糖、盐、胡椒粉、料酒等为配料加工制作而成。成品颜色淡黄，鲜香不腻，是岭南茶楼、酒家茶市必备的点心。

白云山

白云山位于广东省广州市白云区，自古就有“羊城第一秀”的美誉。白云山名胜众多，具有浓厚的文化沉淀。传说，著有《抱朴子》的晋代名人葛洪就曾在白云山炼丹，并在此山羽化成仙。

丹霞山

丹霞山位于广东省韶关市仁化县丹霞镇，是广东四大名山之一，以赤壁丹崖为特色。这里是世界“丹霞地貌”的命名地，是世界上丹霞地貌发育最典型、类型最齐全、造型最丰富的集中分布区。

“我的问题墙”

广州为什么又叫“羊城”？

相传很久以前，广州发生了一次大饥荒，老百姓都没有米下锅了。有一天，来了五位仙人，他们穿着不同颜色的衣服，骑着五只不同颜色的仙羊，仙羊各口衔一棵稻子。仙人们把稻子赠予百姓，让他们种出了粮食。从此，广州成了岭南最富庶的地方，也开始有了“羊城”之称。

为什么说佛山是“武术之乡”？

佛山人向来喜欢习武，清朝道光年间，佛山便建了很多民间武馆。至光绪年间，佛山诞生了一些武术名家与拳法，如梁赞的咏春拳，张炎、陈盛的蔡李佛拳，梁容和陈安的少林拳，招锡、杨三才的洪拳，梁世苏的南拳等。佛山将中国的武术发扬光大，因此被称为“武术之乡”。

雷州半岛是怎么得名的？

雷州半岛是以“雷”得名的，因为这里的雷暴活动十分活跃，即使在冬季，也能听到阵阵雷声。雷州半岛平均每年的雷暴日数有90天，多时高达100多天。每年5～9月是雷州半岛雷暴的多发季节，其中7～8月是雷暴高发期，几乎天天有雷暴。

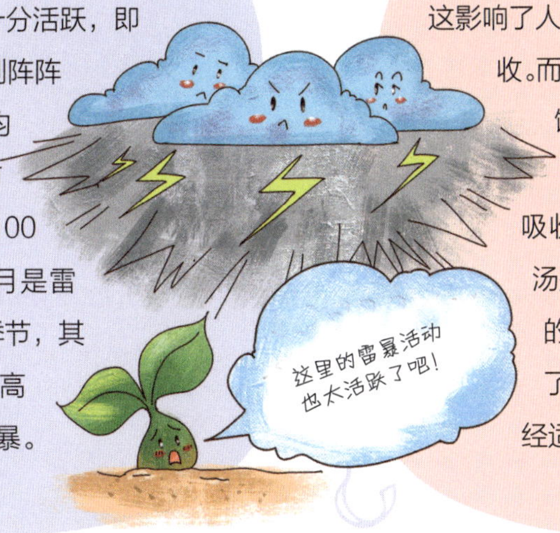

广东人为什么喜欢饭前喝汤？

广东的气候炎热，而且是湿热，这影响了人们的胃口和身体对食物的吸收。而汤是营养品和水的结合物，饭前喝一口汤，既补充水分，打开胃口，还利于消化和吸收。从医学上来讲，饭前喝汤是会稀释胃酸而不利于消化的，不过广东人从小就养成了这样的饮食习惯，身体已经适应了，所以就不怕啦！

Hainan

出发，海南省

海南

我的名片

简称：琼

省会：海口

面积：3.54 万平方千米

常住人口：934 万（2018 年）

著名景点：五指山、天涯海角等

特产：白沙绿茶、文昌木屐等

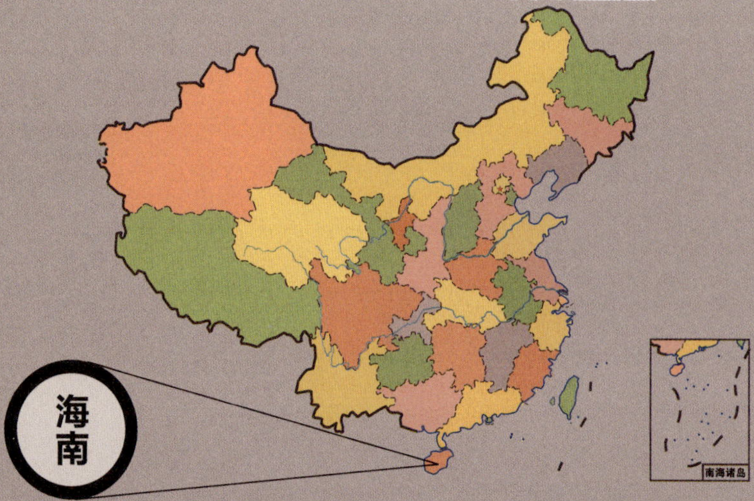

海南省全图

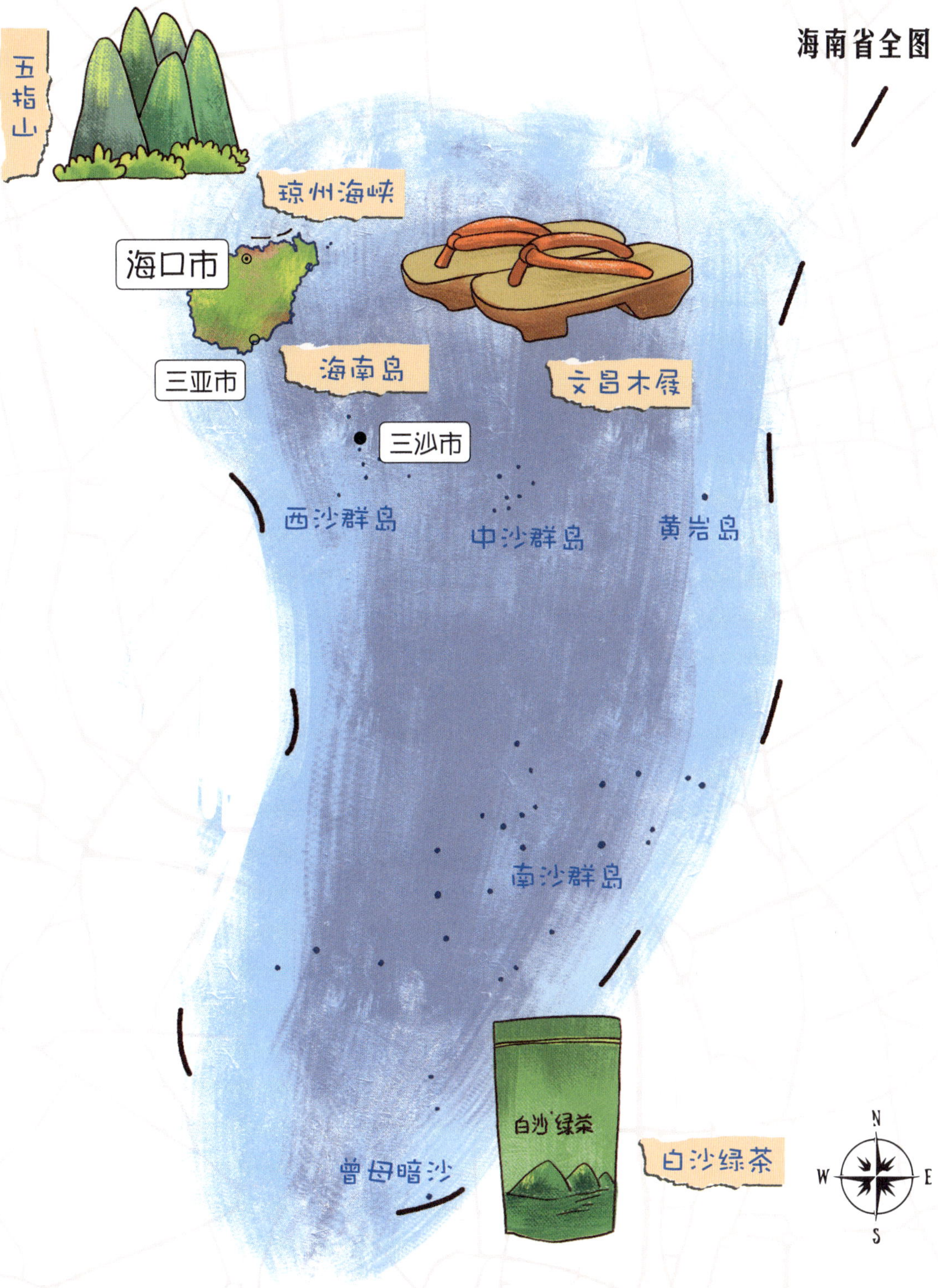
五指山
琼州海峡
海口市
海南岛
三亚市
文昌木屐
三沙市
西沙群岛
中沙群岛
黄岩岛
南沙群岛
白沙绿茶
曾母暗沙
白沙绿茶
N
W
E
S

“我的照片墙”

黄花梨木

黄花梨木主要产于海南省，属国家二级珍贵保护树木，是名贵的木材，堪称“木中之冠”。黄花梨木的木性极为稳定，不变形，不开裂，不弯曲，有一定的韧性，适合做各种异形家具与艺术品。

白沙绿茶

白沙绿茶出产于海南省白沙黎族自治县境内的国营白沙农场，这里气候宜人，雨量充沛，土地肥沃，常年晨雾缭绕，所以出产的绿茶品质优良，营养成分高，远销国内外。

文昌木屐

文昌木屐出产于海南省文昌市，是一种木底鞋子，具有悠久的历史。文昌木屐种类繁多，实用性强，不过由于人民生活水平的提高，已逐渐被淘汰，现在只有少数人喜欢穿。

热带果园

海南素有“天然温室、热带果园”的美誉。全省的热带作物和热带水果栽培面积大，种类繁多，除了椰子，海南盛产的热带水果还有菠萝、龙眼、荔枝、菠萝蜜、杧果、槟榔、橄榄、榴莲、香蕉等。

文昌鸡

文昌鸡是海南久负盛名的传统名菜，号称海南“四大名菜”之首。文昌鸡肉质滑嫩，皮薄肉酥，入口喷香，肥而不腻。与其相伴的文昌鸡饭，更是享誉东南亚的美食。

五指山

五指山是海南岛最高的山脉，也是海南岛的象征，它位于海南岛中部，因山峰形似五指而得名。五指山动植物资源丰富，具有独特的旅游、探险、科考、疗养等价值，因其四季如春，还有“天然别墅”的美誉。

“我的问题墙”

海南省为什么要成立三沙市？

2012年，国务院批准设立三沙市。三沙市隶属海南省，管辖西沙群岛、中沙群岛、南沙群岛的岛礁及其海域。这显示了中国对此区域拥有法理范围内的主权，同时也有利于加快南海渔业资源和油气资源开发，有利于保护三沙典型的珊瑚礁生态系统。

三亚为什么又叫“鹿城”？

传说，古代有一位英俊的黎族青年猎手，因为追赶一只鹿来到南海之滨。眼看前面山崖之下是茫茫大海，那只鹿突然停步并回过头来，变成了一位美丽的黎族少女。这两人一见钟情并结为夫妻，在这里定居下来。此山因而被称为“鹿回头”，三亚市也因此得名“鹿城”。

火车是怎么通过琼州海峡的？

火车到达琼州海峡时，会有巨大的渡轮来到码头，与岸上的铁轨对接，火车沿着铁轨开到巨大的渡轮上，并被分解为几组。然后渡轮将火车运送到对岸码头。到达对岸码头后，渡轮再次与岸上的铁轨对接，火车沿铁轨开下渡轮，并再次被重新组装好。

海南岛为什么被称为“南海明珠”？

海南岛位于热带地区，一年四季气候宜人，有无数的旅游景点。岛上土壤肥沃，物产丰富，是拥有无数珍禽异兽的天然动物园和奇花异草的天然植物园。这里的铁矿、石油和天然气等矿产蕴藏量也非常丰富，因此人们都说海南岛是“南海明珠”。

Fujian

出发，福建省

福建

我的名片

简称：闽

省会：福州

面积：12.4 万平方千米

常住人口：3 941 万（2018 年）

著名景点：鼓浪屿、武夷山等

特产：大红袍茶、铁观音茶等

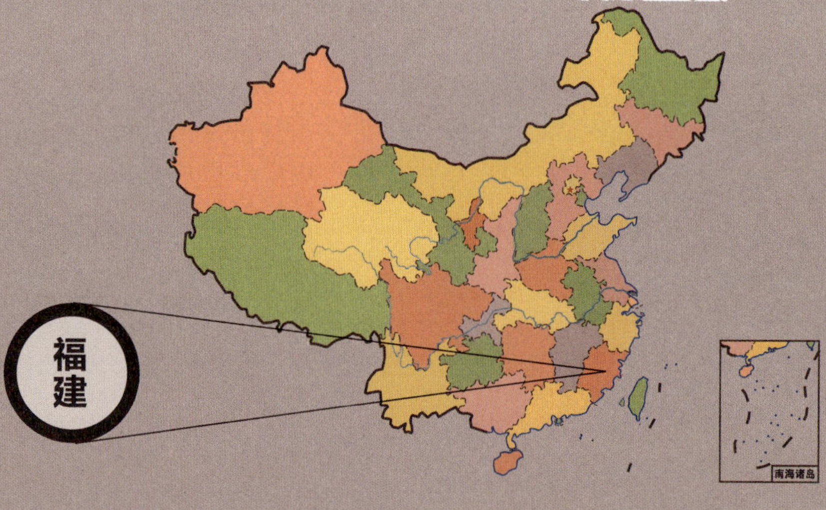

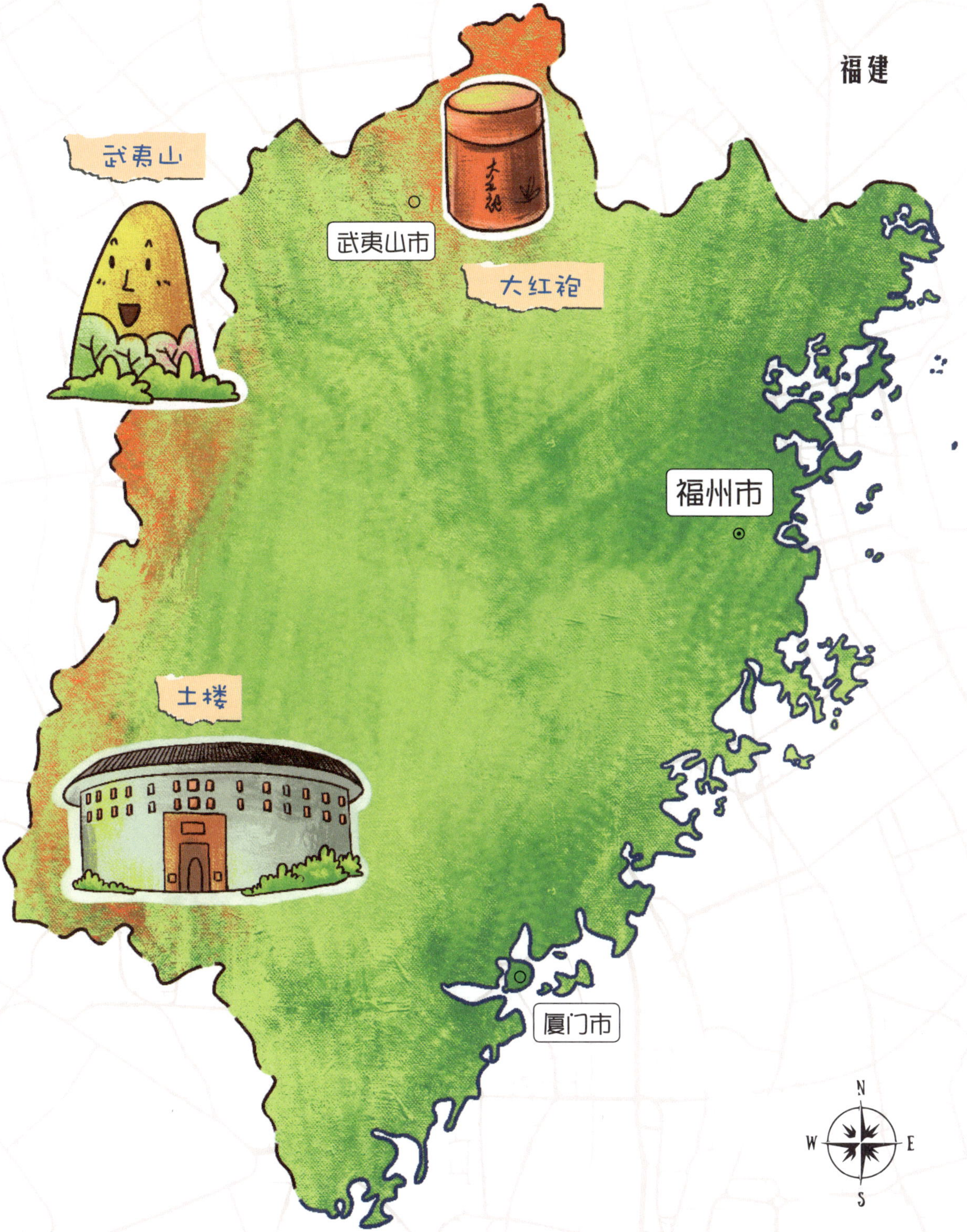
福建
武夷山
武夷山市
大红袍
福州市
土楼
厦门市
N
W
E
S

“我的照片墙”

土楼

福建土楼是一种用生土夯筑的楼房，其造型庞大，防御性强，可供数十户、几百人一同居住。它是福建客家人引以为傲的建筑形式，也是福建民居中的瑰宝。2008 年，福建土楼被正式列入《世界文化遗产名录》。

福州纸伞

福州纸伞是福州三宝之一，历史悠久。这种纸伞做工十分精细，工人们采用油画、彩画喷花和绢印等方法，在纸伞上绘制花鸟、山水、人物等图案，造型雅致而又美观。一把优质的纸伞可以在撑开、收回一万多次后仍然不变形。

武夷山

武夷山位于福建省西北部与江西省的交界处，是中国著名的风景旅游区和避暑胜地，其历史悠久，文化底蕴深厚，具有重要的历史、科考价值，早已被列为世界文化与自然双重遗产。

佛跳墙

佛跳墙的原料有几十种之多，有鲍鱼、海参、鱼唇、杏鲍菇、蹄筋、火腿、猪肚、鹌鹑蛋等。做法是，先将这十几种食材分别独立制作成一道菜，然后分层装进坛子里，加入高汤和绍兴酒，先在武火上烧沸，后在文火上慢慢煨炖五六个小时。

妈祖崇拜

福建等地沿海渔民对“航海保护神”天妃的崇拜被称为“妈祖崇拜”。妈祖文化起源于北宋初期，祖庙祭典的行祭地点在湄洲祖庙广场或新殿天后广场。目前世界上 20 多个国家和地区都建有颇具规模的妈祖分灵庙宇。

惠安女

惠安女主要生活在福建惠安东部崇武、山霞、净峰、小岞四个镇，黄斗笠、花头巾、蓝短衫、银腰链、宽筒裤，是她们的常见服饰。她们大多以渔业为生，以吃苦耐劳闻名于世。

“我的问题墙”

厦门鼓浪屿为什么叫“钢琴之乡”？

钢琴进入厦门市的鼓浪屿已有 100 多年的历史。鼓浪屿上学习弹钢琴、爱好钢琴的人很多，钢琴拥有密度居全国之首，这里先后出现过 100 多户钢琴世家、音乐世家，孕育了不少有名的钢琴家和音乐家，比如著名的钢琴家殷承宗，声乐指挥家周淑安，钢琴、小提琴演奏家许斐星等。

福建为什么有很多土楼？

在很久以前，中原汉民即客家先民沿黄河、长江、汀江等流域，历经多次辗转迁徙后，来到福建居住。为了维护家族的共同利益，也为了族人的安全，客家人便建造了许多规模庞大的土楼，同一个祖先的子孙们都住在一幢土楼里，形成一个独立的社会，大家共存共荣，共亡共辱。

福州为什么又叫“榕城”？

福州在东晋前叫冶城，东晋福州太守张伯玉号召福州居民遍植榕树，从此，福州街头就出现了“绿荫满城，暑不张盖”的景观。因此，福州便有了“榕城”的雅号。据统计，福州现有榕树 16 万株以上，树龄上百年的约 600 株，上千年的有 6 株。

大红袍为什么如此珍贵？

大红袍产于福建武夷山，是武夷山岩茶的代表。人们认为，武夷山九龙窠的峭壁上的六棵大红袍母树才是真正的大红袍树，但它们早已被保护起来禁止采摘，所以大红袍母树上所产的茶叶，在市面上根本买不到，极其珍贵。此外，据研究，大红袍还具有很好的保健功效，这也它珍贵的原因所在。

Taiwan

出发，台湾地区

台湾

我的名片

简称：台

省会：台北

面积：约 3.6 万平方千米

人口：约 2 358.9 万（2018 年）①

著名景点：台北故宫博物院、日月潭等

特产：阿里山高山茶、金门贡糖等

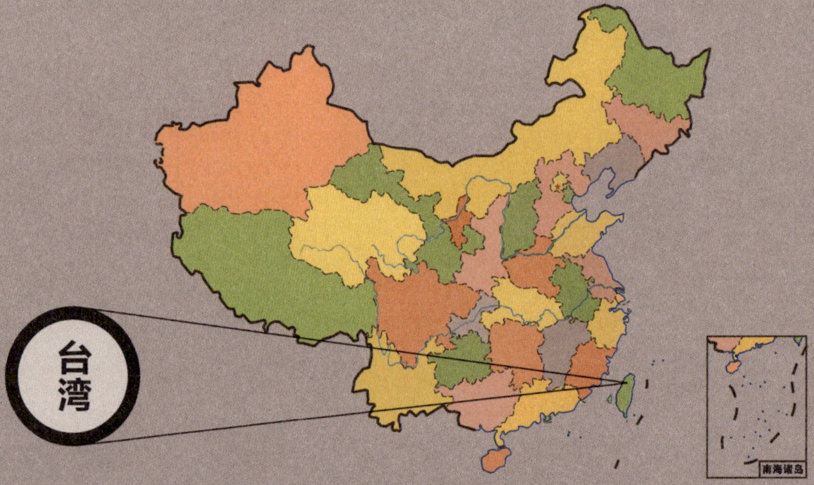

①人口数为台湾当局人口管理部门的统计数据。

台湾地区
钓鱼岛
赤尾屿
金门贡糖
台北市
台北故宫博物院
日月潭
日月潭
台湾海峡
阿里山高山茶
N
W
E
S

“我的照片墙”

日月潭

日月潭位于台湾地区阿里山以北、能高山以南，是台湾最大的天然淡水湖，其北半湖形状如圆日，南半湖形状如弯月，故而得名。日月潭早在清朝即被列为台湾八大景之一。

台北 101 大楼

台北 101 大楼是台北地标性建筑，集办公、观景台和购物中心于一体。每年台北的跨年晚会，以台北 101 大楼的跨年烟火表演作为压轴演出，吸引数十万人在现场观赏，是台湾最知名的跨年活动之一。

金门贡糖

金门贡糖出产于金门，是著名的传统特产，曾作为贡品进献给皇帝食用。金门贡糖以上等花生仁、白砂糖、麦芽糖经民间传统工艺用木棒“打”制而成，其口感细腻，质酥味香，在海内外享有很高的声誉。

台北故宫博物院

台北故宫博物院位于台北市，是台湾地区规模最大的博物馆，馆藏文物达 70 多万件，所藏的商周青铜器，历代玉器、陶瓷、古籍文献、名画碑帖等，多为大陆迁台文物，都是稀世之物，堪称中国文化艺术之宝库。

阿里山高山茶

阿里山高山茶是台湾的极品好茶，主要出产于阿里山海拔 1 000 米以上的坡地，这里常年云雾缭绕，水气充沛，日照丰富，茶叶又多以山泉水灌溉，故而具有浓厚的高山冷冽茶味。再加上精进的制茶技术，才造就了这茶中上品。

高山族

高山族主要分布在台湾地区，经济以农业为主，以大米、小米、玉米、薯芋为主要食物，他们爱饮酒，喜欢嚼槟榔，以黑色的牙齿为美。他们至今还保留着原始宗教的信仰和仪式。

大肠包小肠

大肠包小肠是台湾独一无二的美食。做法通常是两种肠先经过炭烤，然后将体积较大的糯米肠切开，夹住体积较小的台式香肠。味道有原味、黑胡椒味、芥末味等。

“我的问题墙”

台北为什么冬季多雨？

台湾冬季多吹东北风，东北风从海洋上吹来，饱含湿气。东北风吹到台湾岛时，被台北以南的高山阻挡，于是气流沿山坡上升，继而凝结形成降雨，因此台北冬季的降雨就比较多了。

台湾岛为什么被称为“东南盐库”？

台湾西部沿海地势平坦，沙滩广布，正处于台湾山地的背风地带，晴天多，气温高，风速大，蒸发旺盛，极利于晒盐。主要盐场有布袋、高雄、七股、鹿港、北门和台南等盐场，盐场面积广阔，年产量高。因为台湾岛位于中国东南沿海，因此被誉为“东南盐库”。

台湾岛为什么被称为“森林宝库”？

台湾岛地势高低悬殊，温差较大，因而生长着热带、亚热带、温带的4 000多种树，尤以台湾杉、红桧、樟、楠等名贵木材最为出名。台湾的森林面积约占全境面积的一半以上。因此，台湾岛一直被世人誉为“森林宝库”。

台湾海峡的海底为什么有森林遗迹？

据研究分析，距今15 000年前，由于海面下降，台湾海峡变成了陆地，并持续了近5 000年。5 000年前，台湾海峡森林密布，荒草丛生，还生活着许多动物。后来，由于气候变暖，海平面因冰川融化而上升了100多米，于是台湾海峡便被海水淹没了。

Hong Kong

出发，香港特别行政区

香港

我的名片

简称：港

面积：1 106.34 平方千米

人口：748.64 万（2018 年）①

著名景点：维多利亚港、海洋公园等

特产：元郎老婆饼、丝袜奶茶等

区旗：

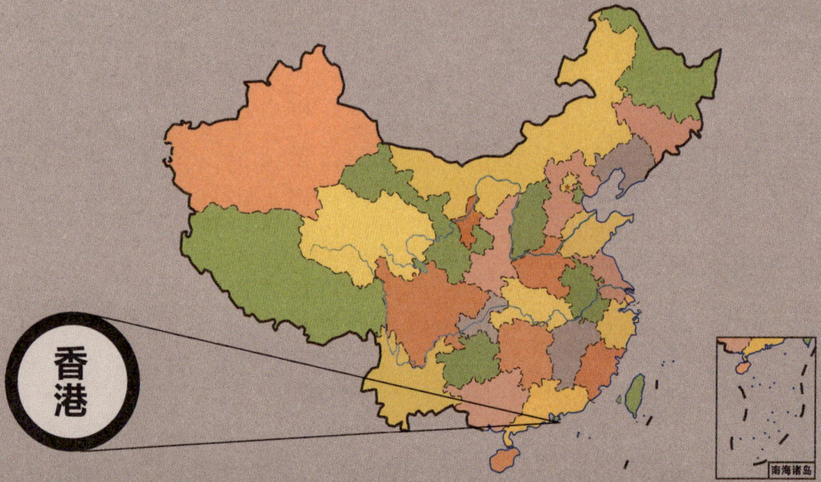

①人口数据来自于香港特别行政区政府统计处。

香港

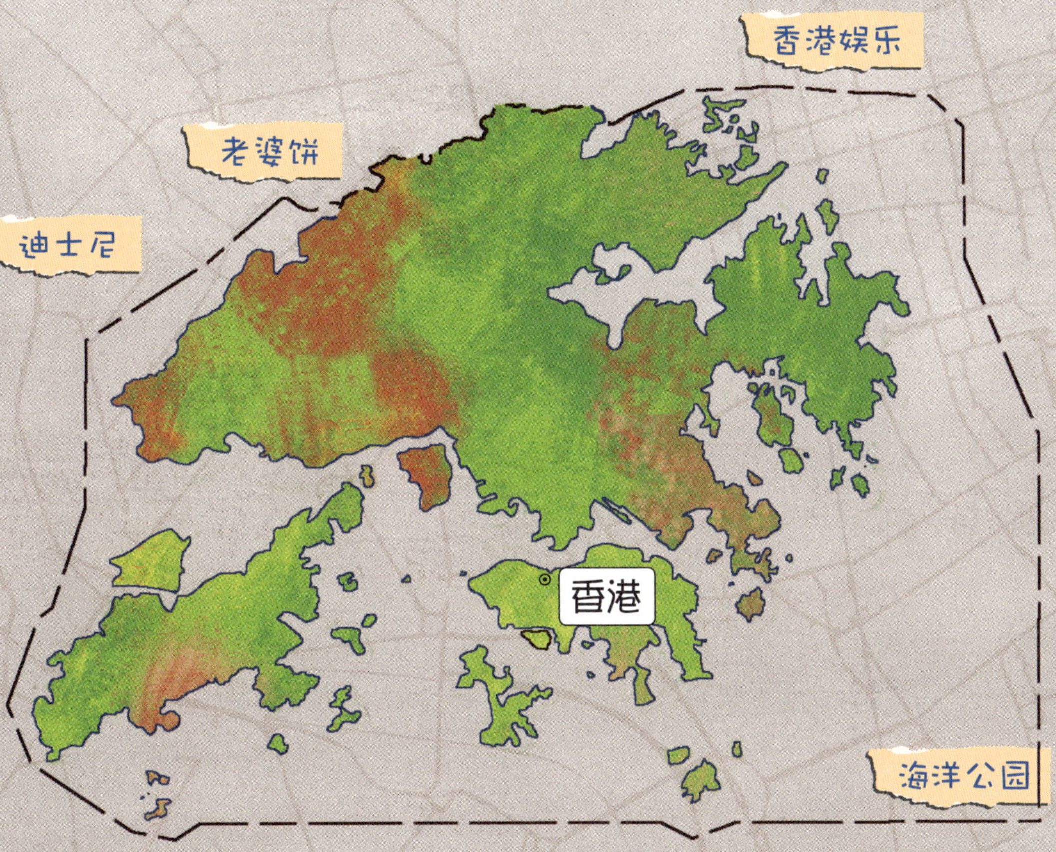

“我的照片墙”

香港海洋公园

香港海洋公园位于香港岛南区，是一座世界级主题公园，也是全球最受欢迎、入场人次最多的主题公园之一。香港海洋公园内有各种海陆动物、机动游戏和大型表演，是访港游客最爱光顾的地方。

天坛大佛

天坛大佛坐落于宝莲禅寺旁，端坐于268级的石阶之上，由202块铜片组成，佛像高26.4米，连莲花座及基座在内，总高约34米，是全球最高的户外青铜坐佛。

香港迪士尼乐园

香港迪士尼乐园位于香港新界大屿山，是全球面积最小的迪士尼乐园，也是首个以加州迪士尼乐园为蓝本而建造的主题乐园。这里除了有迪士尼经典故事及游乐设施外，还有专设的具有香港特色的游乐设施、娱乐表演等。

元朗老婆饼

元朗老婆饼又叫“冬茸酥”，是香港著名的小吃，其历史悠久，口感酥软，甜而不腻，使它不仅在香港市场上独占鳌头，更是扬名世界，成为来港旅游者争相购买的香港特产。

购物天堂

香港是著名的购物天堂，由于是自由港口，几乎所有的商品都免税，从高级珠宝首饰，到带有地方特色的民俗工艺品。每年夏、冬两季的换季大甩卖活动，更是吸引着众多游客前来购物及旅游。

香港娱乐

香港娱乐业的发达程度举世闻名，主要分为电影、唱片、电视剧、娱乐刊物等。其中，香港电影是香港娱乐业的代表，香港电影业的发展根基深厚，港产影片蜚声国际，多年来获得了不少国际奖项。

“我的问题墙”

香港是怎么得名的？

明朝时，香港岛南部有一个小港湾，因转运产在广东东莞的香料而出了名，被人们称为“香港”。据说那时香港转运的香料质量上乘，被称为“海南珍奇”，香港许多当地人也以种香料为业，因此香港与其种植的香料一起名声大噪。后来，香料的种植和转运逐渐消失，但香港的名称却保留了下来。

香港是在什么时候被英国占领的？

18 世纪初，英国开始对华进行鸦片贸易。1840 年，清政府下令查禁鸦片，英国悍然发动了第一次鸦片战争，出兵攻打广州。1841 年，英国派兵强行占领香港，在以后的 50 多年时间里，又强迫清政府签订了三个有关香港问题的不平等条约，最终霸占了整个香港地区。

中国为什么能够收回香港主权？

清朝被推翻后，中国历届政府都没有承认英国对香港的永久主权。中华人民共和国成立后，政府曾多次阐明对香港问题的立场，指出香港是中国领土，在条件成熟的时候，将会恢复行使主权。根据 1984 年中英两国政府关于香港问题的联合声明，中国于 1997 年 7 月 1 日对香港恢复行使主权。

香港为什么被称为“购物天堂”？

香港是一个自由港，绝大多数的商品都没有关税，从高级的珠宝服饰，到各式各样的民俗工艺品，无一不有。世界各地的商品都在这里竞销，有些比原产地还便宜。此外，香港各地段都有大型购物商场，如尖沙咀的半岛酒店商场、中环的置地广场、铜锣湾的时代广场等，吸引了世界各地的游客到此旅游购物。

Macao

出发，澳门特别行政区

澳门

我的名片

简称：澳

面积：约 33 平方千米

人口：66.74 万（2018 年）[①]

著名景点：澳门历史城区、大三巴牌坊等

特产：猪油糕、杏仁饼等

区旗：

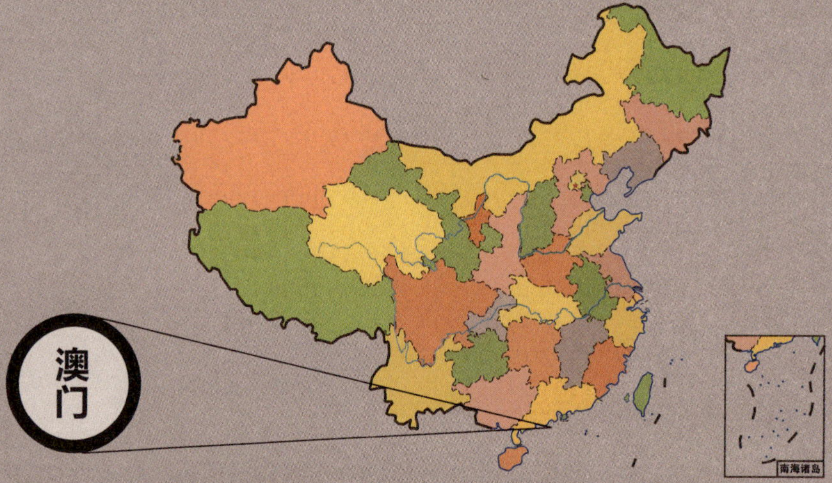

①数据来自于澳门特别行政区政府统计暨普查局。

澳门

“我的照片墙”

大炮台

大炮台又名圣保禄炮台、中央炮台或大三巴炮台，位于澳门半岛中央柿山之巅，是澳门众多炮台中规模最大、最古老的，1617年始建，1626年建成，是澳门历史的见证。

大三巴牌坊

大三巴牌坊位于澳门大巴街附近的小山丘上，其正式名称是圣保禄大教堂遗址，是著名的“澳门八景”之一。如今，大三巴牌坊已成为澳门的象征之一，并被列为世界文化遗产。

葡式蛋挞

葡式蛋挞是澳门小吃中最有名的一种。最早的葡式蛋挞由英国人安德鲁·史斗创制。1989年，他在澳门开设安德鲁饼店，用猪油、面粉、水和蛋，采用英国式的糕点做法，创造出了口感松软香酥，内馅丰厚，奶味蛋香浓郁的葡式蛋挞。

杏仁饼

澳门杏仁饼是澳门的一种特色小吃，其主要原料是绿豆粉，因外形似杏仁而得名。杏仁饼饼身松脆，饼心香甜可口，极易消化，可以说是风味独特。杏仁饼原本是家庭自做自食，成为商品后，其外形才被改为圆形。

土地诞

土地诞又称社日，在澳门，诞期为农历二月初二。每逢诞期，为求土地肥沃，五谷丰登，善男信女家家作祭，还在舞狮随行下，成群结队前往土地庙祭祀。

猪油糕

猪油糕是澳门的一种特色小吃，又名脂油糕。猪油糕虽然名含猪油，其实在制作时不含点滴猪油。其外观洁白晶莹，入口油而不腻，早在清朝时期就已闻名遐迩，如今更是来澳游客的必食美味。

“我的问题墙”

澳门是什么时候被葡萄牙占领的？

1553年，一队葡萄牙商船借口在海上遇到风浪，请求到澳门晾晒货物，从此盘踞澳门。第一次鸦片战争后，葡萄牙不断扩占、蚕食澳门附近领土。1845年11月，葡萄牙女王宣布澳门为自由港。第二次鸦片战争后，葡萄牙与清政府签订了不平等的《中葡和好通商条约》，澳门成为葡萄牙的“永驻管理”之地。

澳门为什么会成为“赌城”？

明末至鸦片战争前，商业和外贸是澳门的经济支柱。鸦片战争后，香港成为免税自由港，清政府又被迫开设了多个通商口岸，澳门对外贸易的地位一落千丈。到了19世纪60年代，澳葡当局大规模发展赌博业。到了20世纪60年代，赌税已占澳门税收总收入的一半以上，澳门便成了名副其实的“赌城”。

澳门为什么叫Macau？

澳门以前是个小渔村，当地渔民非常敬仰一位叫“妈祖”的“女神”，并在岸边建了庙宇供奉她，叫“妈祖阁”。16世纪中叶，第一批葡萄牙人抵达澳门时，询问居民当地的名称，居民误以为是询问庙宇，便回答是“妈阁”，葡萄牙人便音译成“Macau”，这便是澳门葡文名称的由来。

中国是怎么收回澳门主权的？

中国与葡萄牙就澳门问题经过了很长时间的谈判，中方明确表示，在20世纪末之前完成港澳回归祖国怀抱的大业。1987年4月13日，《中葡关于澳门问题的联合声明》在北京人民大会堂正式签署。联合声明中明确指出，澳门是中国领土，中华人民共和国政府将于1999年12月20日恢复对澳门行使主权。

舌尖上的美味

精选膘肥体壮的 1 ～ 2 周岁的绵羊，其被烘烤出来的味道是最美的。

烤羊肉串：烤羊肉串在新疆是有名的民族风味小吃，现在已经风靡全国，在城乡街头随处可见。

回锅肉：回锅肉是一道传统川菜，在川菜中的地位非常重要，被誉为“川菜之王”。正宗的回锅肉，应该用香蒜苗作配料。

椰子糕：椰子糕的最大特色就是它的馅，一般有椰丝花生馅和椰丝芝麻馅两种。椰子糕外面包着椰叶，拨开糕底的椰叶，椰子糕就散发出一种若有若无的香味，吃上一口，糯米的粘牙感和韧劲，让人难以忘怀。

烤全羊：烤全羊是蒙古族传统名菜，一般是为招待贵宾或举行重大庆典时的盛宴特制的佳肴。

德州扒鸡：鲁菜经典，早在清朝乾隆年间就被列为贡品送入宫中，供皇族享用。此鸡闻名全国，远销海外，被誉为“天下第一鸡”。

蚵仔煎：台湾的牡蛎叫蚵仔，个头不大，但是味道特别鲜美。蚵仔煎的做法是将牡蛎放在淀粉浆里，再打一个鸡蛋，放在平底锅里煎，配上小白茶或是茼蒿，起锅后还要加上特别调制的西红柿酱。

出版策划：张焱宏
美术编辑：周邦雄
装帧设计：木 木
桃 子
特邀审校：段桂华
杨 凡